Marco Verch

Virtuelle Kreditkarten als Zahlungsmittel

AF136764

IGEL Verlag

Marco Verch

Virtuelle Kreditkarten als Zahlungsmittel

1. Auflage 2008 | ISBN: 978-3-86815- 085-8

© IGEL Verlag GmbH , 2008. Alle Rechte vorbehalten.

Die Deutsche Bibliothek verzeichnet diesen Titel in der Deutschen Nationalbibliografie. Bibliografische Daten sind unter http://dnb.ddb.de verfügbar.

IGEL Verlag

Inhaltsverzeichnis

Abbildungsverzeichnis

Tabellenverzeichnis

Abkürzungsverzeichnis

AGB	Allgemeine Geschäftsbedingungen
Amexco	American Express Company
AVS	Address Verification Service
B2B	Business to Business
B2C	Business to Consumer
BGH	Bundesgerichtshof
BIN	Bank Identification Number
BSI	Bundesamt für Sicherheit in der Informationstechnik
C2C	Consumer to Consumer
CNP	Customer not present
CRC	Cyclic Redundancy Check
CVC	Card Verification Code
CVV	Card Verification Value
DES	Data Encryption Standard
DM	Deutsche Mark
EAN	European Article Number
ec	electronic cash
EMV	Europay / MasterCard / Visa
GAA	Geldausgabeautomat
GICC	German ISO 8583 Credit Card
HBCI	Home Banking Computer Interface
HMAC	keyed-Hash Message Authentication Code
ISBN	Internationale Standardbuchnummer
ISP	Internet Serviceprovider
JCB	Japan Credit Bureau
KO	Kartenorganisation
MAC	Message Authentication Code
MO/TO	Mail Order / Telephone Order Transaction
PCI DSS	Payment Card Industry Data Security Standard
PDA	Personal Digital Assistant
PIN	Persönliche Identifikationsnummer
POS	Point of Sale

RSA	Asymmetrisches Kryptosystem
Seccos	Secure Chip Card Operating System
SSL	Secure Socket Layer
TAN	Transaktionsnummer
VCC	Virtual Credit Card
VU	Vertragsunternehmen (Händler)
WEP	Wired Equivalent Privacy
WLAN	Wireless Local Area Network
ZKA	Zentraler Kreditausschuss

1 Motivation sicherer Zahlungsverfahren

Der Handel im Internet ist heute ein alltäglicher Vorgang. Er befindet sich weiterhin im Wachstum und gewinnt Anteile im Vergleich zu dem klassischen Einzelhandel. Die Zahlungsabwicklung ist ein notwendiger Bestandteil des Handels mit Waren und Gütern. In diesem Zusammenhang hat sich die Kreditkarte weltweit als das am häufigsten verwendete Zahlungssystem etabliert. Die Kartenorganisationen entwickeln ihre Netzwerke permanent weiter. Dennoch ist die Zahlung mit Kreditkarte ein missbrauchsanfälliges Verfahren. Für einen Einkauf reicht die Kenntnis von Karten- und Prüfnummer aus. Auf die Identifizierung des rechtmäßigen Karteninhabers wird weitgehend verzichtet. Missbräuche verursachen Kosten, die alle Beteiligten tragen müssen. Dies führt zu einem unattraktiveren Kreditkartensystem. Die Erforschung und Förderung von sicheren Verfahren zur Kreditkartenabwicklung stellt daher eine besondere Herausforderung dar.

Die Universität Purdue stellte auf der Konferenz Financial Cryptography 2007 die Idee virtueller Kreditkartennummern vor. Sie werden offline generiert und sind durch Parameter beschränkt. Durch den Einsatz kryptographischer Hashfunktionen entstehen auf diese Weise transaktionsabhängige, virtuelle Kreditkartennummern. Der reale Account des Karteninhabers bleibt verborgen. Mithilfe dieses Verfahrens soll das Ausmaß missbräuchlicher Kartenverwendung reduziert werden.

Ziel dieser Untersuchung ist eine Analyse des vorgestellten Systems unter Berücksichtigung sicherheitsrelevanter und pragmatischer Aspekte.

2 Zahlungssysteme für E-Commerce

2.1 Einleitung

„eCommerce ist die digitale Anbahnung, Aushandlung und/oder Abwicklung von Transaktionen zwischen Wirtschaftssubjekten" [Albe01, S. 57]. In Deutschland kauften 2006 61 % der Internetnutzer Waren oder Dienstleistungen online ein [Pago07e, S. 14]. Das Umsatzvolumen betrug 16,3 Milliarden Euro im Privatkundenbereich [HDE07, S. 1]. Dies entspricht etwa 3 % des Einzelhandelumsatzes [HDE07 S. 1; Stat07, S. 24]. Bis 2010 wird europaweit eine durchschnittliche Wachstumsrate von 27 % für das Umsatzvolumen im Bereich E-Commerce prognostiziert [Heng07, S. 3]. Die folgende Abbildung zeigt eine Übersicht, wie diese Umsätze bezahlt werden können. In Deutschland dominieren weiterhin die klassischen Bezahlsysteme Vorkasse, Rechnung und Nachnahme (vgl. Kapitel 2.4.1). Die Kreditkarte (vgl. Kapitel 4) spielt eine untergeordnete Rolle [Grue07].

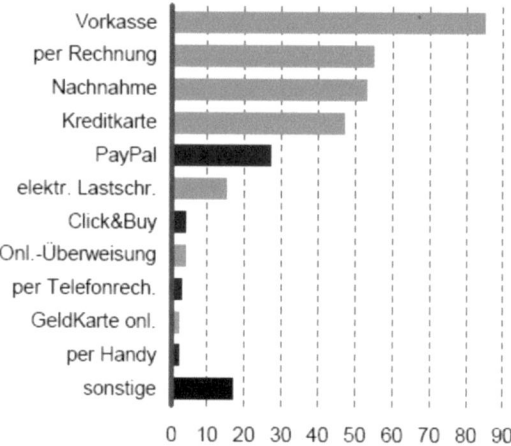

Abbildung 1: *Von deutschen Onlineshops angebotene Zahlungssysteme*
Quelle: [Heng07, S. 17]

2.2 Klassifizierungen von Zahlungssystemen

Die Zahl vorhandener Zahlungssysteme erfordert eine Einteilung in Kategorien. Zunächst wird zwischen „account-basierten und cash-basierten Systemen" unterschieden [Albe99, 168]. Eine weitere Einteilung erfolgt aufgrund des Zeitpunkts der Zahlung. Sie kann vor (z. B. Vorauskasse), während (z. B. Debitkarte) oder nach der Lieferung (z. B. Kreditkarte) erfolgen. Die Zahlungsgarantie ist ein weiteres Merkmal [BSI05, S. 5]. Zahlungsmittel weisen eine Finalität auf, die „die Länge des Zeitraums vom Einsatz bis zur Unwiderrufbarkeit" beschreibt [Grab06, S. 59]. Es ist teilweise keine klare Klassifizierung möglich. Überweisungen können beispielsweise vor und nach der Lieferung als Zahlungsmittel eingesetzt werden. Das Bundesamt für Sicherheit in der Informationstechnik (BSI) hat in seinem Modul „Zahlungsverfahren für E-Government" eine eigene Form der Klassifizierung gewählt.

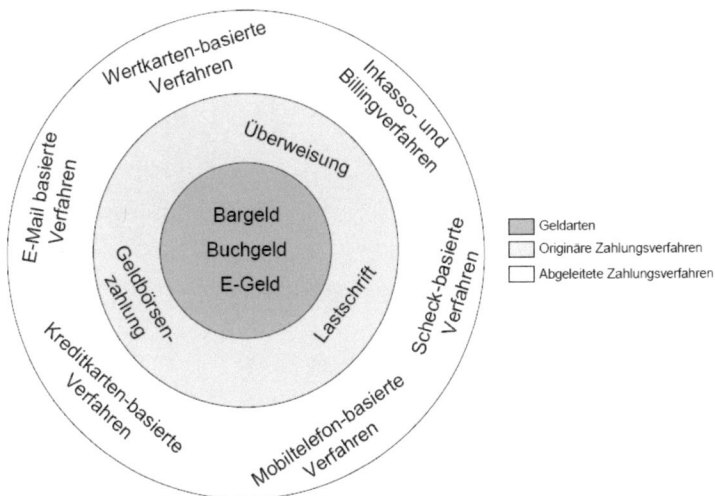

Abbildung 2: *Kategorisierung von Bezahlsystemen*

Quelle: [BSI05, S. 6]

Im Kern stehen Geldarten, die sich in Buchgeld, Bargeld und E-Geld unterteilen lassen. Unter Buchgeld wird das auf dem Girokonto verfügbare Geld verstanden. E-Geld ist in Anlehnung an Bargeld für den Austausch von digitalen Werteinheiten geeignet. Die Geldformen werden von den originären Zahlungsverfahren Überweisung, Lastschrift und Geldbörsenzahlung verwendet. Originäre Zahlungsverfahren sind eigenständige Zahlungsmittel, auf denen weitere Systeme aufbauen [BSI05, S. 6].

Beispiel:

Die Zahlung mit Kreditkarte löst Überweisungen bei Händlern, Netzbetreibern, Herausgeberbanken und Kunden aus. Dabei wird Buchgeld zwischen den Konten der Beteiligten transferiert.

2.3 Anforderungen an Zahlungssysteme

Händler und Kunde sind die Hauptakteure bei der Abwicklung der Transaktion. Ihre wesentlichen Anforderungen an Zahlungssysteme werden im folgenden Teil vorgestellt.

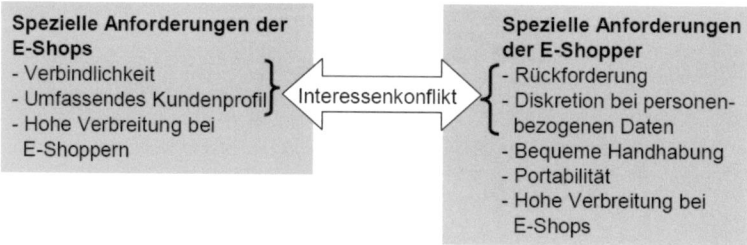

Abbildung 3: *Anforderungen an E-Payment-Systeme*
Quelle: [Heng07, S. 4]

Für Händler sind Zahlungsgarantie und Verbreitung unter den Kunden von Bedeutung [Heng07, S. 4]. Je nach angesprochenem Kundensegment bestehen Anforderungen an die Internationalität des Verfahrens [BSI05, S. 37].

Aus Kundensicht hängt die Attraktivität des Zahlungssystems wegen Netzeffekten von ihrer Verbreitung unter Onlineshops ab [Lamm04, S. 34]. Weiterhin sind eine einfache Bedienung und Anonymität wichtig [Heng07, S. 4].

Die Geschwindigkeit der Abwicklung und die Höhe der Transaktionskosten sind gemeinsame Anforderungen beider Beteiligten. Eine weitere Gemeinsamkeit sind Anforderungen an die Sicherheit [Heng07, S. 4]. Es ist zu vermuten, dass Zweifel an der Sicherheit von Zahlungsverfahren Auswirkungen auf die Zurückhaltung bei Online-Einkäufen haben können. Ein zu komplexes Bezahlsystem könnte dagegen zu einer Abnahme des Konsums führen.

Widersprüchliche Forderungen treten hinsichtlich der Verbindlichkeit von Zahlungen auf. Der Händler verlangt eine hohe Kundenverbindlichkeit, da ihm die Zahlungsgarantie wichtig ist. Im Gegensatz dazu sind Kunden an einem Rückforderungsrecht interessiert. Bei der Speicherung personenbezogener Daten besteht ein weiterer Interessenkonflikt [Heng07, S. 4]. Während Händler an einem umfassenden Kundenprofil interessiert sind, soll aus Kundensicht diskret mit personenbezogenen Daten umgegangen werden.

Die gemeinsame Anforderung an die Verbreitung kann in einer Verklemmung resultieren. Bislang eingesetzte Systeme sind für Kunden nicht interessant, wenn sie von wenigen Händlern angeboten werden. Gleichzeitig richtet der Händler sein Angebot an den bisher eingesetzten Verfahren der Kunden aus. Damit ein neues Verfahren angenommen wird, muss es im Vergleich zu vorhandenen Systemen Verbesserungen aufweisen oder günstiger sein.

2.4 Ausgewählte Zahlungssysteme

2.4.1 Vorkasse, Rechnung und Nachnahme

Vorkasse, Rechnung und Nachnahme sind die klassischen Zahlverfahren der Versandhändler in Deutschland [Grue07]. Vorauszahlungen werden durch Überweisungen bezahlt. Bei der Lieferung gegen Rechnung ist zusätzlich das Lastschriftverfahren möglich. In diesem Fall hat der Kunde dem Händler zuvor eine Einzugsermächtigung erteilt. Nachnahmezahlungen werden bar bei Zustellung der Ware geleistet.

Bei der Überweisung beauftragt der Kunde seine Bank, einen Betrag auf das Konto des Händlers gutzuschreiben. Die Bank des Kunden belastet sein Konto und transferiert den Betrag an die Bank des Händlers. Abschließend erfolgt eine Gutschrift auf das Händlerkonto. Bei einer Online-Überweisung erfolgt der Zugriff auf das Onlinekonto über HBCI- (Home Banking Computer Interface) und PIN/TAN-Verfahren [BSI05, S. 8].

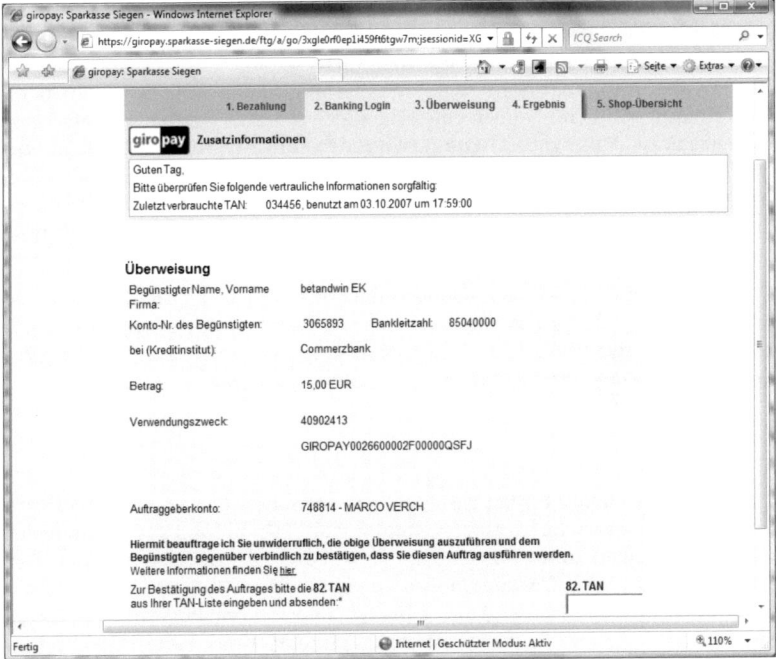

Abbildung 4: Überweisung per giropay

Quelle: [Eigene Darstellung]

Eine Weiterentwicklung der Online-Überweisung fand durch die deutsche Kreditwirtschaft statt. Das Verfahren trägt den Namen giropay. Nachdem der Kunde das Bezalsystem im Onlineshop ausgewählt hat, gibt er die Bankleitzahl seiner kontoführenden Bank ein. Da-raufhin öffnet sich die SSL-verschlüsselte Seite der Bank. Der Kunde loggt sich mit seiner PIN ein und findet einen ausgefüllten Überweisungsträger vor. Der Auftrag wird durch Eingabe der indizierten TAN erteilt. Nach erfolgreicher Überweisung gelangt der Kunde zurück auf die Seite des Händlers.

Bewertung von giropay

Bei Vorauskasse per klassischen Online-Überweisung besteht für den Händler kein Ausfallrisiko. Die Zahlung mit giropay ist ebenfalls mit einer Zahlungsgarantie verbunden [Giro07b].

Onlinebanking wird von allen Banken angeboten und von „37 % der Deutschen" genutzt [Geor07, S. 70]. giropay bieten derzeit alle Postbanken, 384 Sparkassen und „über 1.000 Volksbanken und Raiffeisenbanken" an [Giro07, S. 1].

Transaktionen finden bei beiden Varianten nicht anonym statt. „Der Empfänger sieht bei der Gutschrift den Namen des Auftraggebers" [BSI05, A-3].

Der BSI stuft die Stärke des Authentifizierungsmechanismus als hoch ein [BSI05, A-4]. Phishing-Angriffe bei der Verwendung von giropay sind erschwert, aber nicht auszuschließen. Eine Phishing-Mail könnte statt im Namen eines Kreditinstituts im Namen eines Händlers versandt werden. Unverschlüsselt verschickte Auftragsbestätigungen, aus denen Betrag, Kundenanschrift und Händlername hervorgehen, könnten sich für einen Phishing-Versuch als nützlich erweisen. Der Kunde könnte per individualisierte E-Mail erinnert werden, eine angeblich noch nicht getätigte oder zurückgewiesene Zahlung erneut durchzuführen.

Klassische Online-Überweisungen dauern etwa ein bis drei Werktage. Je nach Produkt (z. B. digitales Musikstück) und Kundenpräferenzen ist die Abwicklungsgeschwindigkeit zu niedrig. Nutzen Kundenbank und Händler giropay, kann die Ware unmittelbar nach der Zahlung ausgeliefert werden.

2.4.2 PayPal

PayPal ist ein auf E-Mail basiertes Verfahren, bei dem die E-Mail-Adresse des Kunden an ein Referenzkonto geknüpft ist [BSI05, S. 13]. PayPal-Mitglieder senden Zahlungen unter Angabe der E-Mail-Adresse des Empfängers. Der Vorgang ist kostenlos. Das Empfangen von Zahlungen wird mit einer pauschalen Gebühr von 0,35 Euro zzgl. 0,9 % bis 1,9 % der Transaktionssumme berechnet. Die Zahlung erfolgt per „Lastschrift, giropay, Kreditkarte oder PayPal-Guthaben" [PayP07, S. 1].

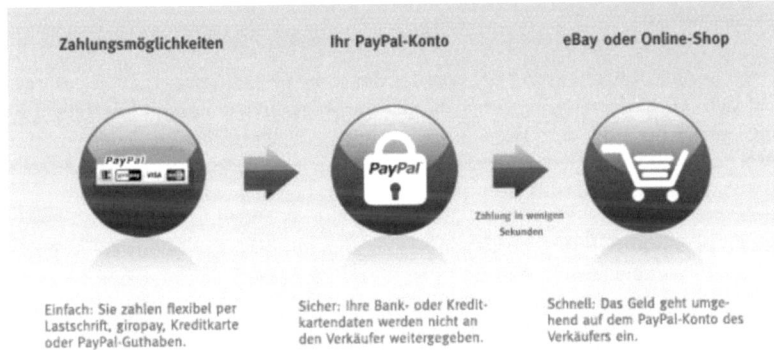

Abbildung 5: *Zahlung mit PayPal*

Quelle: [PayP07, S. 1]

Bei PayPal handelt es sich um eine eBay-Tochterfirma. Das System ist fest in eBay integriert, aber nicht darauf beschränkt. Jeder Händler, der über ein Mitgliedskonto verfügt, kann PayPal in seinem Onlineshop als Zahlungsoption anbieten. Derzeit wird PayPal von 120 Millionen Nutzern in 100 Ländern eingesetzt [Heng07, S. 19].

Bewertung

PayPal-Zahlungen sind durch den Kunden nicht widerrufbar. Sollte der Kunde die Einzahlung widerrufen (z. B. bei Lastschrift oder Kreditkarte), bleibt der Betrag nach Aussagen von PayPal auf dem Händlerkonto. Nach eigenen Erfahrungen und Meinungen von betroffenen Händlern kann PayPal Händlerkonten sperren.

Anonyme Zahlungen sind grundsätzlich möglich, sofern die E-Mail-Adresse des Kunden aus einem Pseudonym besteht [BSI05, A-15]. Bei eBay-Auktionen und dem überwiegenden Anteil von Onlineshops werden weitere Kundendaten während des Geschäftsvorfalls dennoch bekannt.

Das Konto wird durch Eingabe von E-Mail-Adresse und Passwort geschützt. Es handelt sich um einen einfachen Schutz, da die Adresse bereits öffentlich ist oder bei Zahlungen bekannt wird. Nutzer klagen über die Gestaltung der automatisierten E-Mails, da sie leicht nachzuahmen seien. Dies erleichtert Phishing-Angriffe.

PayPal-Zahlungen werden dem Empfängerkonto unmittelbar gutgeschrieben. Verkäufer[1] können die Ware im Anschluss versenden.

---

[1]   Der Begriff „Händler" wird vermieden. Nutzer von PayPal können untereinander Zahlungen senden und empfangen. Insbesondere auf eBay treten Mitglieder als Käufer und Verkäufer auf.

2.4.3 GeldKarte

Die GeldKarte wurde 1997 von der deutschen Kreditwirtschaft eingeführt. Auf dem Chip der ausgegebenen Bankkarte wird ein im Voraus bezahlter Betrag gespeichert. Bei dem Bezahlvorgang wird ein elektronischer Datensatz mit Informationen über den Transaktionsbetrag auf eine Händlerkarte übertragen [BSI05, S. 52]. Das Kreditinstitut, das dem Händler das System zur Verfügung stellt, berechnet je Transaktion eine Gebühr von 0,3 % (mindestens 0,01 Euro) des Betrags [BSI05, S. 42]. Im Gegensatz zu dem teureren Kreditkartenverfahren ist der Datenaustausch bei der GeldKarte geringer. Es ist keine Online-Autorisierung notwendig [Lang04, S. 339].

Abbildung 6: Zahlung mit GeldKarte

Quelle: [Euro07b, S. 1]

Seit 2002 kann die GeldKarte für Zahlungen im Internet verwendet werden [Lang04, S. 340]. Das Händlerterminal wird durch einen mit Display ausgestatteten Chipkartenleser[2] ersetzt. Nach dem Einkauf bestätigt der Kunde den Namen des Händlers und den Betrag.

---

[2] Lesegerät Klasse 3. Preis: ca. 100 Euro (Stand: Oktober 2007).

Bewertung

Die übertragenen Daten sind SSL-verschlüsselt und nur für die Händlerkarte verwendbar. Zudem verfügt das System über eine Doppeleinreichungskontrolle [REIN07, S. 1].

Während der Transaktionsabwicklung erfolgt eine Gutschrift auf die Händlerkarte. Sie ist nicht widerrufbar und stellt somit eine Zahlungsgarantie dar [BSI05, A-1].

Die Verbreitung der GeldKarte ist hoch, da sich der Chip auf den meisten herausgegebenen Karten der Kreditinstitute befindet. Für den Online-Einsatz wird jedoch ein Kartenleser mit Tastatur und Display benötigt. Dem BSI zufolge habe eine signifikant zunehmende Nachfrage nach Kartenlesern bis Ende 2003 nicht stattgefunden [BSI05, A-1]. Es handelt sich um multifunktionale Geräte, die u. a. für HBCI-Banking und digitale Signaturen verwendet werden. Wenn diese Einsatzgebiete stärker genutzt werden, wirkt sich dies auf die Attraktivität der GeldKarte aus.

2.5 Kosten der Zahlungssysteme

Der Einsatz der Zahlungssysteme ist für den Händler zunächst mit einmaligen Kosten verbunden. Diese bestehen aus der Aufnahmegebühr des Anbieters sowie den Kosten für die Integration in das Händlersystem. Weiterhin können regelmäßige Gebühren für die Nutzungsrechte des Zahlungsmittels anfallen. Alle Systeme verursachen transaktionsabhängige Kosten. Sie werden typischerweise in Form eines Disagios abgerechnet. Ein zusätzlicher pauschaler Betrag je Transaktion ist möglich.

Bevor der Händler Giropay- oder GeldKarte-Transaktionen abwickeln kann, muss er zunächst einen Vertrag mit einem Akquisitionsunternehmen abschließen. Die technische Anbindung des Onlineshops wird von einem Payment Provider übernommen. Im Vergleich zu den anderen Bezahlverfahren fallen dadurch deutlich höhere Einrichtungskosten an. Falls der Händler bereits im stationären Handel tätig ist, reduzieren sich die Kosten bei der GeldKarte auf die Anbindung an den Onlineshop.

Bei den weiteren vorgestellten Bezahlsystemen fallen keine oder sehr geringe einmalige Kosten an. Vorkasse, Rechnung und Nachnahme sind an ein vorhandenes Girokonto gebunden. PayPal kann der Händler ohne Inanspruchnahme eines weiteren Dienstleisters in seinen Onlineshop integrieren.

Das Online-Bezahlsystem PayPal verursacht transaktionsabhängige Kosten von 0,35 Euro zzgl. 0,9 % bis 1,9 %. Am günstigsten ist der Empfang von Überweisungen und Lastschriften. Je nach Kreditinstitut fallen dabei keine Kosten an.

Die GeldKarte besitzt im Vergleich zu PayPal geringere Transaktionskosten. Die Zahl der Transaktionen, ab denen die GeldKarte das günstigere Zahlungssystem ist, kann mit einer Break-Even-Analyse berechnet werden. Es ist jedoch nicht zu erwarten, dass ausreichend viele Kunden des Händlers die GeldKarte online nutzen.

3 Prüfziffern

3.1 Einleitung

Bei der menschlichen sowie maschinellen Erfassung und Verarbeitung von Daten treten Abweichungen auf. Die Aufgabe von Prüfziffern besteht in der frühzeitigen Erkennung von Fehlern, um Wartezeiten, Transaktionskosten und Schäden zu vermeiden. Sie werden als zusätzliche Ziffern an den Zahlencode angefügt. Fehler lassen sich kategorisieren und mit Häufigkeiten verknüpfen:

Fehlertyp	Symbol	Häufigkeit in %
Einzelfehler (Verwechslung einer Ziffer)	$a \rightarrow b$	79
Transposition (Vertauschung benachbarter Ziffern)	$ab \rightarrow ba$	10,2
Sprungtransposition (Vertauschung einer Ziffer mit der übernächsten)	$acb \rightarrow bca$	0,8
Zwillingsfehler	$aa \rightarrow bb$	0,6
Phonetische Fehler	$a0 \rightarrow 1a$	0,5
Sprung-Zwilling-Fehler	$aca \rightarrow bcb$	0,3
Übrige Fehler		8,6

Tabelle 1: *Fehlertypen und ihre empirisch ermittelten Häufigkeiten*
Quelle: [Schu91, S. 58]

Die Prüfung eines Codes erfolgt stufenweise. Zunächst wird ermittelt, ob ein Fehler in dem Code enthalten ist. Im Anschluss wird die Art des Fehlers erkannt und der Fehler behoben. Die letzten beiden Schritte sind optional. Die meisten Prüfziffern basieren auf modularer Arithmetik mit dem Modul N. Zunächst werden alle Ziffern inklusive Prüfziffer addiert. Schließlich wird geprüft, ob bei der Teilung durch N der Rest 0 beträgt.

Beispiel:

Der Code 12340 soll auf Gültigkeit untersucht werden. Die Summe ergibt:

$S = 1 + 2 + 3 + 4 + 0 = 10$. Für N = 10 gilt: $10 (\mod 10) = 0$.

Der Zahlencode ist gültig. Einzelfehler werden erkannt. Da bei der Errechnung der Summe jede Ziffer gleich bewertet wird, erkennt diese einfache Prüfziffer keine Transpositionen. Die Effizienz eines Verfahrens gibt an, wie hoch die Fehlererkennung ist. Bei modularer Arithmetik hängt sie von der Gewichtung der Ziffern und dem Modul N ab [Dixo07, S. 1].

Im folgenden Teil werden ausgewählte Prüfziffern vorgestellt und dargestellt, welche Fehlertypen sie auf welche Weise erkennen. In der Implementierung zu dieser Untersuchung können Prüfziffern für EAN, ISBN, Banknoten und Kreditkarten erzeugt und getestet werden.

3.2 Ausgewählte Verwendungszwecke

3.2.1 Internationale Artikelnummer (EAN)

Auf den meisten Produkten befindet sich eine internationale Artikelnummer. Sie wird in Form eines Strichcodes dargestellt. Er dient der schnellen Erfassung und kann von links nach rechts sowie umgekehrt maschinell gelesen werden. Die Artikelnummer ist je nach Ausprägung 8 oder 13 Stellen lang. Sie beinhaltet Informationen über das Herstellungsland, die bundeseinheitliche Betriebsnummer und die herstellerspezifische Artikelnummer. An letzter Stelle befindet sich die Prüfziffer, die im folgenden Teil erläutert wird [Beut07, S. 20].

Das Verfahren verwendet das Modul N = 10. Die Prüfziffer a_{13} eines 13-stelligen EAN-Codes wird so gewählt, dass folgende Bedingung gilt:

$(a_1, a_2, ..., a_{13}) \cdot (1, 3, 1, 3, 1, 3, 1, 3, 1, 3, 1, 3, 1)^t \equiv 0 \pmod{10}$.

Einzelfehler werden unter folgenden Bedingungen nicht erkannt:

$a - b \equiv 0 \pmod{10}$ bei einer Gewichtung von 1. $\qquad$ (1)

$3(a - b) \equiv 0 \pmod{10}$ bei einer Gewichtung von 3 [Dixo07]. $\qquad$ (2)

Es existieren keine unterschiedlichen Ziffern, die diese Bedingung erfüllen. Daraus folgt: Der EAN Code erkennt alle Einzelfehler.

Die Auswirkung einer Transposition wird mit

$(3a + b) - (a + 3b) = 2(a - b)$ beschrieben. Eine Transposition wird nicht erkannt, wenn gilt:

$2(a - b) \equiv 0 \pmod{10}$ [Dixo07, S. 1].

Die Bedingung ist für alle Ziffern, die sich um 5 unterscheiden, gültig. Es existieren zehn Varianten: 05, 16, 27, 38, 49, 50, 61, 72, 83 und 94.

Insgesamt existieren 100 mögliche Ziffernfolgen. Gleiche Ziffern (z. B. 55) führen bei der Transposition zu keinem Fehler. Demnach existieren 90 Transpositionen, bei denen ein Fehler auftreten kann. Zehn werden nicht erkannt. Die Erkennungsrate beträgt für Transpositionen:

$80 / 90 = 88,9 \%$ [Dixo07, S. 1].

Sprungtranspositionen werden wegen der alternierenden Gewichtung der Ziffern mit 1 und 3 nicht erkannt.

Zwillingsfehler werden nicht erkannt, wenn gilt:

$a + 3a \equiv b + 3b \pmod{10}$

$\leftrightarrow 4a \equiv 4b \pmod{10}$.

Die Bedingung tritt in vergleichbarer Form bei weiteren Effizienzberechnungen von Prüfziffern auf. Sie kann daher allgemein dargestellt werden:

$xa \equiv xb \pmod{N}$.

Zur Ermittlung der gültigen Paare (a,b) wird eine Computersimulation verwendet. Für EAN-Codes existieren zehn Zwillingsfehler, die nicht erkannt werden:

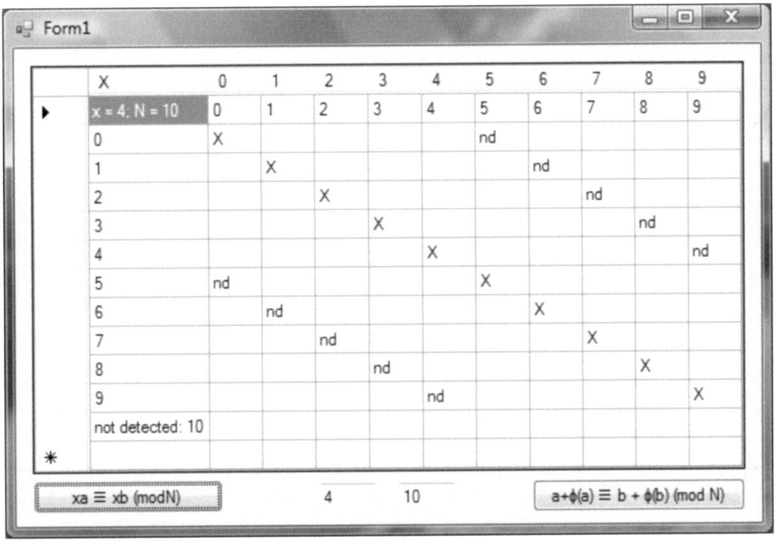

Form1										
X	0	1	2	3	4	5	6	7	8	9
x = 4; N = 10	0	1	2	3	4	5	6	7	8	9
0	X					nd				
1		X					nd			
2			X					nd		
3				X					nd	
4					X					nd
5	nd					X				
6		nd					X			
7			nd					X		
8				nd					X	
9					nd					X
not detected: 10										

xa ≡ xb (modN)   4   10   a+ϕ(a) ≡ b + ϕ(b) (mod N)

Abbildung 7: Erkennung von Zwillingsfehlern durch den EAN-Code

Quelle: [Eigene Darstellung]

Die Erkennungsrate beträgt daher für Zwillingsfehler:

$80 / 90 = 88{,}9\,\%$.

Phonetische Fehler ($a0 \to 1a$) können an einer ungeraden (1) oder geraden Stelle (2) auftreten. Für a können Werte zwischen 3 und 9 angenommen werden. Phonetische Fehler werden nicht erkannt, wenn gilt:

$$1a + 3 \cdot 0 \equiv 1 \cdot 1 + 3a \ (\mathrm{mod}10) \qquad \leftrightarrow \qquad a \equiv 1 + 3a \ (\mathrm{mod}10). \ (1)$$

$$3a + 1 \cdot 0 \equiv 3 \cdot 1 + 1a \ (\mathrm{mod}10) \qquad \leftrightarrow \qquad 3a \equiv 3 + a \ (\mathrm{mod}10). \ (2)$$

Es existieren keine Ziffern, die Bedingung (1) oder (2) erfüllen. Daher werden alle phonetischen Fehler erkannt.

Strichcodes werden von Scannern erfasst, bei denen „praktisch keine Vertauschungsfehler vorkommen" [Beut07, S. 22]. Das Verfahren ist für diesen Einsatzzweck geeignet, da alle Einzelfehler erkannt werden.

Fehlertyp	Erkennung in %
Einzelfehler	100
Transposition	88,9
Sprungtransposition	0
Zwillingsfehler	88,9
Phonetische Fehler	100

Tabelle 2: *Fehlererkennung: EAN*

Quelle: [Eigene Darstellung]

Beispiel:

Der EAN-Code inklusive Prüfziffer lautet 4006381333689.

$$4 \cdot 1 + 0 \cdot 3 + 0 \cdot 1 + 6 \cdot 3 + 3 \cdot 1 + 8 \cdot 3 + 1 \cdot 1 + 3 \cdot 3 + 3 \cdot 1 + 3 \cdot 3 + 6 \cdot 1 + 8 \cdot 3 + 9 \cdot 1 = 110.$$

$110 \ (\mathrm{mod}10) = 0 \rightarrow$ Der EAN-Code besitzt einen gültigen Aufbau.

3.2.2 Kreditkarten

Die Prüfziffer wird wegen ihres Erfinders Luhn-Code genannt. Sie muss aus praktischen Gründen aus einer Ziffer [0-9] bestehen. Probleme treten andernfalls bei der Eingabe über die Telefontastatur auf [Dixo07, S. 1]. Neben einer sehr guten Einzelfehlererkennung stellt die Erkennung von Transpositionen eine weitere Anforderung an das Prüfziffernschema von Kreditkarten dar. Transpositionen können beim Ablesen von der Kreditkarte oder während der Eingabe über die Tastatur entstehen.

Zunächst wird eine Permutation ∂ definiert. Sie beschreibt den Vorgang, bei dem jede Ziffer, beginnend mit der zweiten von rechts verdoppelt wird; und falls das Ergebnis größer als 9 ist, wird es durch seine Quersumme ersetzt.

$$\partial = (0)(124875)(36)(9) \qquad \text{[Dixo07, S. 1].}$$

Die Prüfziffer a_{16} eines 16-stelligen Luhn-Codes wird so gewählt, dass folgende Bedingung gilt:

$$\partial(a_1) + a_2 + \partial(a_3) + a_4 + \partial(a_5) + a_6 + \partial(a_7) + a_8 + \partial(a_9)$$

$$+ a_{10} + \partial(a_{11}) + a_{12} + \partial(a_{13}) + a_{14} + \partial(a_{15}) + a_{16} \equiv 0 \ (mod10).$$

Einzelfehler werden unter folgenden Bedingungen nicht erkannt:

$$a - b \equiv 0 (mod10) \text{ (Stelle ohne Permutation)} \tag{1}$$

$$\partial(a) - \partial(b) \equiv 0 (mod10) \text{ (Stelle mit Permutation) [Dixo07]. } \tag{2}$$

Es existieren keine unterschiedlichen Ziffern, die diese Bedingung erfüllen. Daraus folgt: Der Luhn-Code erkennt alle Einzelfehler.

Transpositionen werden unter folgenden Bedingungen nicht erkannt:

$$\partial(a) + b \equiv a + \partial(b) \ (mod10).$$

Diese Bedingung wird von den Ziffernfolgen 09 und 90 erfüllt, sodass 88 von 90 Transpositionen erkannt werden [Gall96, S. 507]. Dies entspricht einer Rate von 97,8 %.

Sprungtranspositionen wirken sich nicht auf Permutationen aus. Ziffern an geraden Stellen werden nach der Transposition weiterhin nicht permutiert, während Ziffern an ungeraden Stellen wie vor der Vertauschung permutiert werden. Sprungtranspositionen werden demnach durch den Luhn-Code nicht erkannt.

Zwillingsfehler werden nicht erkannt, wenn gilt:

$$a + \partial(a) \equiv b + \partial(b) \ (mod10).$$

Eine Simulation ergibt, dass zehn der möglichen Paare (a,b) die Bedingung erfüllen:

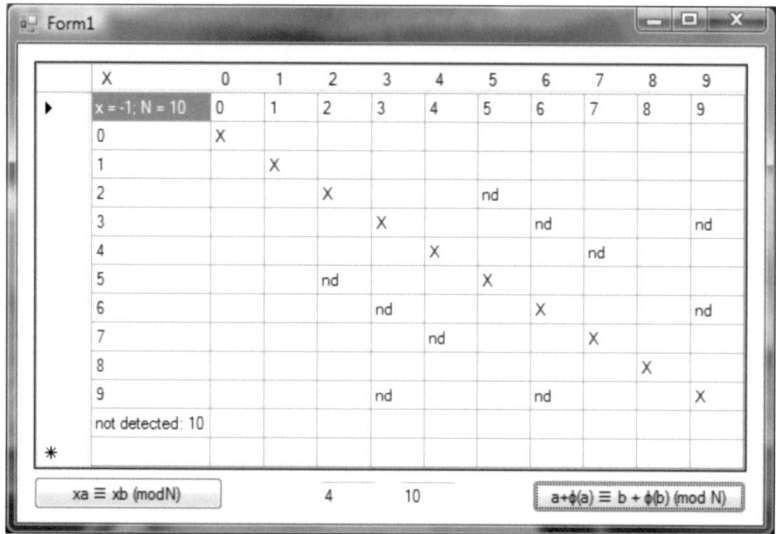

Abbildung 8: Erkennung von Zwillingsfehlern durch den Luhn-Code

Quelle: [Eigene Darstellung]

Die Erkennungsrate beträgt daher für Zwillingsfehler:

80 / 90 = 88,9 %.

Phonetische Fehler können an einer ungeraden (1) oder geraden Stelle (2) auftreten. Sie werden nicht erkannt, wenn gilt:

$$\partial(a) + 0 \equiv \partial(1) + a \ (mod10) \qquad \leftrightarrow \qquad \partial(a) \equiv 1 + a \ (mod10). \qquad (1)$$

$$a + \partial(0) \equiv 1 + \partial(a) \ (mod10) \qquad \leftrightarrow \qquad a \equiv 1 + \partial(a) \ (mod10). \qquad (2)$$

Es existieren keine Ziffern für a, die Bedingung (1) erfüllen. Bedingung (2) trifft für a=8 zu. Die Erkennungsrate beträgt daher an den acht ungeraden Stellen 8/8 und an sieben geraden Stellen 7/8. Insgesamt beträgt die Erkennungsrate $(8/8 \cdot 8 + 7/8 \cdot 7) / 15 \approx 0,942$ %.

Fehlertyp	Erkennung in %
Einzelfehler	100
Transposition	97,8
Sprungtransposition	0
Zwillingsfehler	88,9
Phonetische Fehler	94,2

Tabelle 3: Fehlererkennung: Kreditkarten

Quelle: [Eigene Darstellung]

Beispiel:

Die Kartennummer inklusive Prüfziffer lautet 5424 1801 2345 6789.

$$\partial(5) + 4 + \partial(2) + 4 + \partial(1) + 8 + \partial(0) + 1 + \partial(2) + 3 + \partial(4) + 5 + \partial(6) + 7 + \partial(8) + 9$$

$$= 1 + 4 + 4 + 4 + 2 + 8 + 0 + 1 + 4 + 3 + 8 + 5 + 3 + 7 + 7 + 9 = 70.$$

70(mod10) = 0 → Die Kreditkartennummer besitzt einen gültigen Aufbau.

3.2.3 Internationale Standardbuchnummer (ISBN)

Die Internationale Standardbuchnummer befindet sich auf jedem herausgegebenen Buch und ermöglicht eine eindeutige Identifizierung. „Es gibt keine Prüfziffern-Codierung modulo 10, die alle Einzelfehler und alle Nachbar-Transpositionen" erkennt [Schu91, S. 63]. ISBN-Ziffern basieren jedoch auf dem Modul N = 11 und einer paarweise verschiedenen Gewichtung der Ziffern. Die Prüfziffer a_{10} eines 10-stelligen ISBN-Codes wird so gewählt, dass folgende Bedingung gilt:

$(a_1, a_2, ..., a_{10}) \cdot (10, 9, 8, 7, 6, 5, 4, 3, 2, 1)^t \equiv 0 \ (\text{mod}11)$ [Gall96, S. 508].

Einzelfehler werden nicht erkannt, wenn gilt:

$a_n \cdot (11\text{-}n) - b_n \cdot (11\text{-}n) \equiv 0 \ (\text{mod}11)$

$\leftrightarrow (11\text{-}n) \cdot (a_n\text{-}b_n) \equiv 0 \ (\text{mod}11)$ \qquad $(n \in N \mid 1 \leq n \leq 10)$.

Der erste Faktor (11-n) ist eine natürliche Zahl zwischen 1 und 10. Der Betrag des zweiten Faktors $(a_n\text{-}b_n)$ ist eine natürliche Zahl zwischen 1 und 9 (für unterschiedliche a und b). Kein Produkt ist durch 11 teilbar. Folglich werden alle Einzelfehler erkannt.

Transpositionen von a_n und a_{n+1} werden nicht erkannt, wenn gilt:

$a_n \cdot (11\text{-}n) + a_{n+1} \cdot (10\text{-}n) \equiv a_{n+1} \cdot (11\text{-}n) + a_n \cdot (10\text{-}n) \ (\text{mod}11)$

$\leftrightarrow a_n \equiv a_{n+1}(\text{mod}11)$ \qquad $(n \in N \mid 1 \leq n \leq 10)$.

Die Transposition von gleichen Ziffern hat keine Auswirkung auf die Gültigkeit des Codes. Es werden daher alle Transpositionen erkannt.

Sprungtranspositionen werden nicht erkannt, wenn gilt:

$$na + (n-2) \cdot c \equiv (n-2) \cdot a + nc \pmod{11} \qquad (n \in N \mid 3 \leq n \leq 10)$$

$$\leftrightarrow -2c \equiv -2a \pmod{11} \leftrightarrow a \equiv c \pmod{11}.$$

Sprungtranspositionen werden daher für alle unterschiedlichen a und c erkannt.

Zwillingsfehler werden nicht erkannt, wenn gilt:

$$na + (n-1) \cdot a \equiv na + (n-1) \cdot a \pmod{11} \qquad (n \in N \mid 2 \leq n \leq 10)$$

$$\leftrightarrow (2n-1) \cdot a \equiv (2n-1) \cdot b \pmod{11}.$$

Es werden daher alle Zwillingsfehler erkannt.

Phonetische Fehler werden nicht erkannt, wenn gilt:

$$na + (n-1) \cdot 0 \equiv n1 + (n-1) \cdot a \pmod{11} \qquad (n \in N \mid 2 \leq n \leq 10)$$

$$\leftrightarrow na \equiv n + na - a \pmod{11} \leftrightarrow 0 \equiv n - a \pmod{11}.$$

Die Ziffer a nimmt Werte von 3 bis 9 an. Die Differenz von n und a ist nicht ohne Rest durch 11 teilbar. Es werden daher alle phonetischen Fehler erkannt.

Ein Nachteil des Verfahrens liegt in der Darstellung der Prüfziffer. Der Rest 10 kann nicht mit Ziffern [0-9] dargestellt werden. Für die Codierung des Rests 10 wird der Buchstabe X verwendet [Gall96, S. 508]. Der ISBN-Code kann demnach nicht als Datentyp Zahl abgespeichert werden.

Zahlencodes im ISBN-Format werden durch das Präfix 978 oder 979 in das EAN-Format überführt. Die Prüfziffer muss neu berechnet werden, weil der Code über drei zusätzliche Ziffern verfügt und sich die Prüfzifferverfahren von ISBN und EAN unterscheiden.

Fehlertyp	Erkennung in %
Einzelfehler	100
Transposition	100
Sprungtransposition	100
Zwillingsfehler	100
Phonetische Fehler	100

Tabelle 4: *Fehlererkennung: ISBN*

Quelle: [Eigene Darstellung]

Beispiel:

ISBN: 3-932588-69-X

$3 \cdot 10 + 9 \cdot 9 + 3 \cdot 8 + 2 \cdot 7 + 5 \cdot 6 + 8 \cdot 5 + 8 \cdot 4 + 6 \cdot 3 + 9 \cdot 2 + 10 \cdot 1 = 297.$

297 (mod11) = 0 → Der ISBN-Code besitzt einen gültigen Aufbau.

Für die EAN-Darstellung wird das Präfix 978 verwendet und die Prüfziffer neu berechnet. Der vollständige EAN-Code lautet 9783932588693.

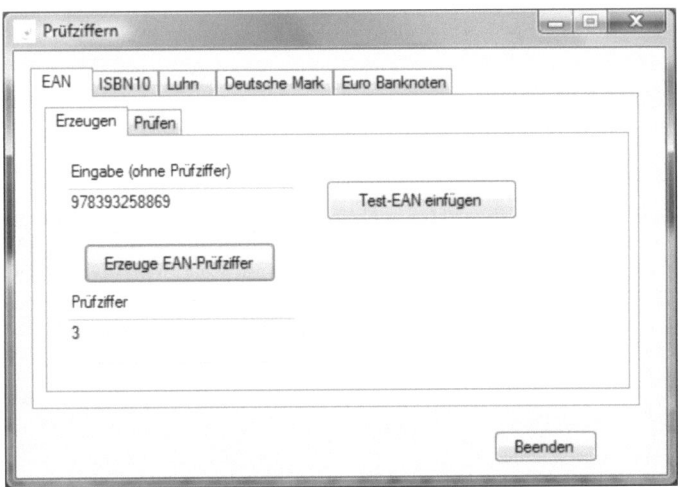

***Abbildung 9**: Implementierung von Prüfzifferberechnungen*

Quelle: [Eigene Darstellung]

3.2.4 Banknoten

Der niederländische Mathematiker Verhoeff hat ein Verfahren entwickelt, das nicht auf modularer Arithmetik beruht. Es erkennt alle Einzelfehler und alle Transpositionen [Gall96, S. 512]. Transpositionen der letzten beiden Stellen werden jedoch nur zu 95,5 % erfasst [Mich97, S. 1]. Weiterhin werden 95,6 % der Zwillingsfehler, 94,2 % der Sprungtranspositionen und alle phonetischen Fehler erkannt [Verh69, S. 54]. Die Prüfziffer wird durch eine Ziffer [0-9] dargestellt [Gall96, S. 514].

Das Schema besteht aus einer Multiplikationstabelle, Permutationen und einer Bedingung für gültige Prüfziffern. Die Multiplikationstabelle wird aus der Diedergruppe D_5 abgeleitet. „Diese Gruppe ist auffaßbar als die Symmetriegruppe des regelmäßigen 5-Ecks" und wird formal mit „$D_5 = < a, b \mid a^5 = 1 = b^2, ba = a^4b >$" beschrieben [Schu91, S. 64].

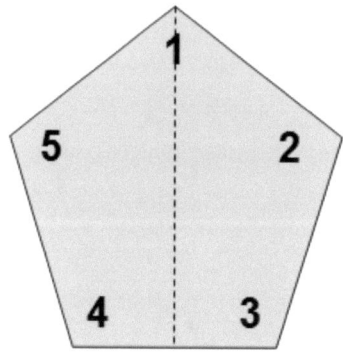

Abbildung 10:   *Regelmäßiges Fünfeck*

Quelle: [Eigene Darstellung]

Das Fünfeck kann um den Mittelpunkt gedreht und an den fünf Symmetrieachsen gespiegelt werden. Die untenstehende Multiplikationstabelle gibt alle Kombinationen aus Drehung (i) und Spiegelung (j) an. Den entstehenden Abbildungen werden die Ziffern [0-9] zugeordnet. Im Gegensatz zu der Multiplikation als Grundrechenart ist die Verknüpfung nicht kommutativ. Diese Eigenschaft wird für die Erkennung von Transpositionen eingesetzt.

Folgende Tabelle gibt die Ergebnisse aller möglichen Verknüpfungen wieder:

	j									
*	0	1	2	3	4	5	6	7	8	9
i 0	0	1	2	3	4	5	6	7	8	9
1	1	2	3	4	0	6	7	8	9	5
2	2	3	4	0	1	7	8	9	5	6
3	3	4	0	1	2	8	9	5	6	7
4	4	0	1	2	3	9	5	6	7	8
5	5	9	8	7	6	0	4	3	2	1
6	6	5	9	8	7	1	0	4	3	2
7	7	6	5	9	8	2	1	0	4	3
8	8	7	6	5	9	3	2	1	0	4
9	9	8	7	6	5	4	3	2	1	0

Tabelle 5: Multiplikationstabelle

Quelle: [Schu91, S. 65]

Es existieren Fälle mit i*j = j*i (z. B. 2*3 = 3*2 = 0). Daher wird eine Permutation verwendet. Sie ist so gewählt, dass für alle n mit a ≠ b gilt: „∂^n (a) * ∂^{n+1} (b) ≠ ∂^n (b) * ∂^{n+1} (a)" [Gall96, S. 515].

	0	1	2	3	4	5	6	7	8	9
∂	1	5	7	6	2	8	3	0	9	4
∂^2	5	8	0	3	7	9	6	1	4	2
∂^3	8	9	1	6	0	4	3	5	2	7
∂^4	9	4	5	3	1	2	6	8	7	0
∂^5	4	2	8	6	5	7	3	9	0	1
∂^6	2	7	9	3	8	0	6	4	1	5
∂^7	7	0	4	6	9	1	3	2	5	8
∂^8	0	1	2	3	4	5	6	7	8	9
∂^9	1	5	7	6	2	8	3	0	9	4
∂^{10}	5	8	0	3	7	9	6	1	4	2

Tabelle 6: Permutationstabelle

Quelle: [Gall96, S. 512]

Die Prüfziffer a_n eines n-stelligen Verhoeff-Codes wird so gewählt, dass folgende Bedingung gilt:

$$\partial(a_1)*\partial^2(a_2)*\ldots*\partial^{n-2}(a_{n-2})*\partial^{n-1}(a_{n-1})*a_n = 0 \text{ [Gall96, S. 514].}$$

Die **Deutsche Bundesbank** verwendete das Verfahren in modifizierter Form für deutsche Banknoten. An erster, zweiter und zehnter Position der 11-stelligen Seriennummern befanden sich Buchstaben. Für die Kontrollrechnung müssen ihnen zunächst Ziffern zugeordnet werden. Vertauschungen der letzten beiden Stellen werden dadurch erkannt.

Buchstaben	A	D	G	K	L	N	S	U	Y	Z
Zahlen	0	1	2	3	4	5	6	7	8	9

Tabelle 7: Zuordnung von Buchstaben zu Ziffern

Quelle: [Schu91, S. 65]

Fehlertyp	Erkennung in %
Einzelfehler	100
Transposition	100
Sprungtransposition	94,2
Zwillingsfehler	95,6
Phonetische Fehler	100

Tabelle 8: Fehlererkennung: deutsche Banknoten

Quelle: [Eigene Darstellung]

Abbildung 11:   *Darstellung eines 10-DM-Scheins*

Quelle: [Eigene Darstellung]

Beispiel:

Seriennummer: GA0830620N3

In Zifferndarstellung: 20083062053

Bedingung:

$\partial(2)^* \ \partial^2(0)^*\partial^3(0)^*\partial^4(8)^*\partial^5(3)^*\partial^6(0)^*\partial^7(6)^*\partial^8(2)^*\partial^9(0)^* \ \partial^{10}(5)^*3 = 0$

$\leftrightarrow (7 * 5) * 8 * 7 * 6 * 2 * 3 * 2 * 1 * 9 * 3 = 0$

$\leftrightarrow 2 * 8 * 7 * 6 * 2 * 3 * 2 * 1 * 9 * 3 = 0$

$\leftrightarrow 2 * 3 = 0$ (wahr).

Seit dem 01.01.2002 sind **Eurobanknoten** im Umlauf. Ihre Prüfziffern werden nach einem anderen Verfahren berechnet. Es basiert auf einer trivialen Summenbildung und lässt sich mit dem einleitend beschriebenen Beispiel vergleichen. Die Prüfziffer a_{12} einer 12-stelligen Eurobanknote wird so gewählt, dass folgende Bedingung gilt:

$a_1 + a_2 + \ldots + a_{12} \equiv 8 \pmod 9$ (mit $a_1 = [A\text{-}Z]$ und $a_n = [0\text{-}9]$).

Einzelfehler bleiben unerkannt, wenn gilt:

$a - b \equiv 8 \pmod 9$.

Diese Bedingung wird von den Ziffernfolgen 08,19,80 und 91 erfüllt, sodass 86 von 90 Einzelfehlern erkannt werden. Dies entspricht einer Rate von 95,6 %.

Eine Transposition der ersten beiden Stellen wird erkannt, da Eurobanknoten mit einem Buchstaben beginnen. Die weiteren zehn möglichen Transpositionen können nicht identifiziert werden, weil alle Ziffern mit einer Gewichtung von 1 summiert werden. Dies gilt analog für die insgesamt zehn möglichen Sprungtranspositionen.

Zwillingsfehler werden nicht erkannt, wenn gilt:

$2a \equiv 2b \pmod 9$.

Die Fehler $00 \to 99$ und $99 \to 00$ werden nicht erkannt. Die Erkennungsrate beträgt daher $88/90 = 97{,}8\%$.

Phonetische Fehler werden nicht erkannt, wenn gilt:

$a + 0 \equiv 1 + a \pmod 9$.

Es existiert kein a, das diese Bedingung erfüllt. Das Verfahren erkennt daher alle phonetischen Fehler.

Fehlertyp	Erkennung in %
Einzelfehler	95,6
Transposition	9
Sprungtransposition	10
Zwillingsfehler	97,8
Phonetische Fehler	100

Tabelle 9: *Fehlererkennung: Eurobanknoten*

Quelle: [Eigene Darstellung]

3.2.5 Fehler korrigierende Codes

Die bisher vorgestellten Prüfziffern können fehlerhafte Eingaben erkennen. Bei einem Fehler wird der Benutzer aufgefordert, den Code erneut einzugeben oder maschinell zu erfassen. Einleitend wurden Prüfziffern angesprochen, die Fehler erkennen und korrigieren können. Das ist möglich, indem eine oder mehrere zusätzliche Prüfziffern verwendet werden.

Ein exemplarisches Schema, das alle Einzelfehler erkennt und korrigiert, wird im folgenden Teil vorgestellt [Gall96, S. 511]. Die Prüfziffern a_9 und a_{10} eines 10-stelligen Codes werden so gewählt, dass folgende Bedingungen gelten:

$(a_1, a_2, \ldots, a_{10}) \cdot (1, 1, 1, 1, 1, 1, 1, 1, 1, 1)^t \equiv 0 \pmod{11}$. \hfill (1)

$(a_1, a_2, \ldots, a_{10}) \cdot (1, 2, 3, 4, 5, 6, 7, 8, 9, 10)^t \equiv 0 \pmod{11}$. \hfill (2)

Es werden keine Codes vergeben, die zu $a_9 = 10$ oder $a_{10} = 10$ führen. 82.644.629 Codes können mit acht Ziffern auf diese Weise dargestellt werden. Die erste Prüfziffer bestimmt das Ausmaß des Fehlers, während die zweite Prüfziffer die Position ermittelt. Mit beiden Informationen kann der Fehler korrigiert werden.

Beispiel:

Code ohne Prüfziffern: 12344321

Bedingungen für a_9 und a_{10}:

$1 \cdot 1 + 1 \cdot 2 + 1 \cdot 3 + 1 \cdot 4 + 1 \cdot 4 + 1 \cdot 3 + 1 \cdot 2 + 1 \cdot 1 + 1 \cdot a_9 + 1 \cdot a_{10} \equiv 0 \pmod{11}$.

(1)

$1 \cdot 1 + 2 \cdot 2 + 3 \cdot 3 + 4 \cdot 4 + 5 \cdot 4 + 6 \cdot 3 + 7 \cdot 2 + 8 \cdot 1 + 9 \cdot a_9 + 10 \cdot a_{10} \equiv 0 \pmod{11}$.

(2)

Daraus folgt:

$9 + a_9 + a_{10} \equiv 0 \pmod{11}$.

$2 + 9a_9 + 10a_{10} \equiv 0 \pmod{11}$.

Somit ist $a_9 = 0$ und $a_{10} = 2$. Der gesamte Zahlencode lautet 1234432102.

Ein fehlerhafter Code sei 1239432102. Aus (1) folgt:

$1*1 + 1*2 + 1*3 * 1*9 + 1*4 + 1*3 + 1*2 + 1*1 + 1*0 + 1*2 \equiv 0 \pmod{11}$

$\leftrightarrow 27 \equiv 0 \pmod{11} \leftrightarrow 5 \equiv 0 \pmod{11}$.

Das Ausmaß des Einzelfehlers beträgt demnach 5. Die durch Bedingung (2) ermittelte Summe weicht dadurch um ein Vielfaches von 5 von der korrekten Summe ab.

$1*1 + 2*2 + 3*3 * 4*9 + 5*4 + 6*3 + 7*2 + 8*1 + 9*0 + 10*2 \equiv 5i \pmod{11}$

$\leftrightarrow 130 \equiv 5i \pmod{11} \leftrightarrow 9 \equiv 5i \pmod{11}$.

Für $i = 4$ gilt: $9 \equiv 20 \pmod{11}$ (wahr). Der Fehler trat demnach an 4. Position auf.

3.3 Verwandte Verfahren

Menschliche Fehler sind nicht die einzige Möglichkeit der Datenverfälschung. Bei der Datenübertragung treten technisch bedingte Fehler auf. Ursachen für Bitfehler „sind beispielsweise elektromagnetische Störungen oder thermisches Rauschen" [PeDa00, S. 89].

Zyklische Redundanzprüfung

Die zyklische Redundanzprüfung (CRC) dient der Erkennung von Übertragungsfehlern. Sie basiert auf der Polynomdivision mit einem Divisor-Polynom C(x). Die zu übertragende Nachricht M(x) wird um einen CRC-Code ergänzt, sodass sie ohne Rest durch das Divisor-Polynom teilbar ist. Wenn ein Rest bleibt, geht der Empfänger von einem Übertragungsfehler aus. Das CRC32-Verfahren verwendet beispielsweise einen 32 Bit langen CRC-Code und folgendes CRC-Polynom [PeDa00, S. 99]:

$C(x) = x^{32} + x^{26} + x^{23} + x^{22} + x^{16} + x^{12} + x^{11} + x^{10} + x^8 + x^7 + x^5 + x^4 + x^2 + x + 1$

(In Bit-Schreibweise: 1 0000 0100 1100 0001 0001 1101 1011 0111)

Die Berechnung der zu versendenden Nachricht erfolgt in drei Schritten [PeDa00, S. 96]:

1. Zunächst wird die Bitfolge der Nachricht M(x) um k Nullen erweitert. k gibt den Grad des CRC-Polynoms an. Für das CRC-32-Polynom ist k = 32. Dadurch entsteht die Nachricht T(x).

2. Die Nachricht T(x) wird durch C(x) dividiert und der Rest bestimmt.

3. Der Rest wird von T(x) durch eine XOR-Operation subtrahiert. Das Ergebnis ist eine Nachricht, die ohne Rest durch C(x) teilbar ist.

Beispiel:

M(x) = 10110; C(x) = 101

1011000 : 101 = 10010

<u>101</u>
001
<u>000</u>
 010
<u>000</u>
 100
<u>101</u>
 010
<u>000</u>
 10

Die zu übertragende Nachricht P(x) wird durch Subtrahieren des Rests 10 von 1011000 ermittelt. Sie lautet 1011010.

Hier liegen die Grenzen von Prüfziffern und CRC-Verfahren. Es ist möglich, Zahlencodes bewusst so zu verändern, dass sie weiterhin eine gültige Prüfziffer oder einen CRC-Wert aufweisen. Die Prüfziffer einer Kreditkarte bleibt trotz einer Sprungtransposition gültig. Mit CRC-Wert ergänzte Nutzdaten sind aufgrund der Linearität des Verfahrens bewusst manipulierbar. Dies wirkt sich beispielsweise unmittelbar auf die Sicherheit der WLAN-Verschlüsselung Wired Equivalent Privacy (WEP) aus [Bori07, S. 1].

Hashverfahren

Die Aufgabe von digitalen Signaturen ist es, die Integrität und die Authentizität einer Nachricht zu gewährleisten. Dies bedeutet für den Empfänger, dass er Veränderungen erkennen und die Nachricht einem Absender zuordnen kann. Dazu werden asymmetrische Verschlüsselungsverfahren (z. B. RSA) verwendet. Um den zusätzlichen Rechenaufwand und die zu übertragenden Daten gering zu halten, werden vor dem Signaturvorgang Hashfunktionen eingesetzt [Essl07, S. 165]. Sie bilden „eine Nachricht beliebiger Länge auf eine Zeichenfolge mit konstanter Größe, den Hashwert, ab" [Essl07, S. 166]. Für eine sichere Hashfunktion H existieren drei Anforderungen [Essl07, S. 166]:

- Es darf praktisch nicht möglich sein, für einen gegebenen Hashwert h eine passende Nachricht M mit H(M) = h zu finden. Hashfunktionen werden daher auch als „Einwegfunktionen" bezeichnet [PeDa00, S. 565].

- Es darf praktisch nicht möglich sein, für eine gegebene Nachricht M eine zweite Nachricht M' mit gleichem Hashwert zu finden.

- Es darf praktisch nicht möglich sein, zwei Nachrichten M und M' mit gleichem Hashwert h zu finden.

Für den praktischen Einsatz stellt der Datendurchsatz eine weitere Anforderung dar [PeDa00, S. 565].

4 Kreditkarten

4.1 Einleitung

Die Idee der Kreditkarte stammt aus den 1950er Jahren. In den USA war es im Einzelhandel und in der Gastronomie Tradition, Güter nicht Zug um Zug zu bezahlen, sondern zunächst eine Verbindlichkeit einzugehen. Zu einem späteren Zeitpunkt konnte diese Schuld dann beglichen werden. Das vorhandene System wurde durch die Einführung von Universalkreditkarten der Marke Diners Club modernisiert. Zum einen führte dies zu einer besseren Organisation der Vorgänge, zum anderen konnte die neue Karte bei allen akzeptierenden Unternehmen eingesetzt werden [Grab06, S. 25]. Der Durchbruch der Kreditkarte fand in den 1970er Jahren statt, nachdem das System verbessert wurde [Evan05, S. 45].

Die Kreditkarte ist heute das weltweit am häufigsten eingesetzte Zahlungsmittel [ACN07, S. 27]. Je nach Land treten unterschiedliche Einsatzhäufigkeiten auf. „Dem Euro-Scheck oder dem Lastschriftverfahren ähnliche Zahlungssysteme existieren aufgrund rechtlicher Restriktionen in den USA nicht" [Albe99, S. 169]. Dort besitzt die Kreditkarte als Zahlungsmittel für E-Commerce eine herausragende Rolle [Grab06, S. 29]. Darüber hinaus besitzt sie eine Finanzierungsfunktion. „Der Vorteil [..] ist vor allem die kurzfristige und unkomplizierte Drittfinanzierung von Erwerbsgeschäften durch die Kreditkartengesellschaften" [Grab06, S. 55].

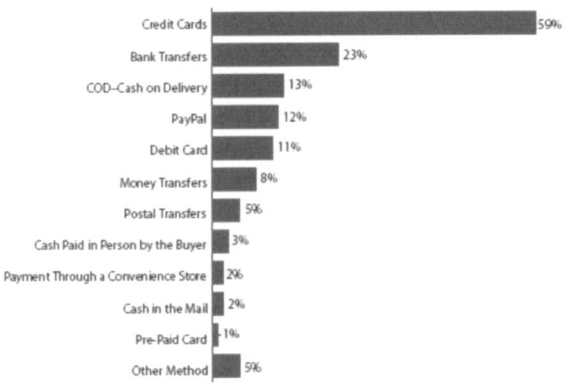

Abbildung 12: Anteil von Zahlungsverfahren am weltweiten Zahlungsverkehr
Quelle: [ACN07, S. 27]

Mit etwa 23 Millionen ausgegebenen Kreditkarten ist die Kreditkarte auch in Deutschland ein verbreitetes Zahlungssystem [Heng07, S. 1]. Im Vergleich zu über 80 Millionen Debitkarten spielt sie jedoch eine untergeordnete Rolle. Dies hängt mit länderspezifischen Gegebenheiten zusammen, die in Kapitel 4.2 näher erläutert werden.

4.2 Kartensysteme

4.2.1 Revolving Credit Cards (RCC)

Klassische Kreditkarten gewähren dem Karteninhaber einen Verfügungsrahmen. Er wählt, ob er den Rechnungsbetrag komplett oder in Raten bezahlt. Bei Ratenzahlung nimmt der Karteninhaber einen sich erneuernden (engl. revolving) Kredit über den noch offenen Betrag auf. Dafür fallen Zinskosten an. Die Höhe der Raten kann der Karteninhaber wählen. Als untere Schranke werden 5% bis 10% des verfügten Betrags festgesetzt [Grue07].

Revolving Credit Cards werden heute von Banken insbesondere zum Markteintritt in Ländern eingesetzt, in denen noch kein flächendeckendes Bankennetz vorhanden ist oder der Aufbau zu aufwendig wäre [Grue07].

4.2.2 Charge Cards

In Deutschland ist ein vollständiges Filialsystem vorhanden und jeder Einwohner verfügt über ein Girokonto. Es ist in der Regel mit einem individuellen Dispositionskredit ausgestattet. Die verfügten Beträge werden einmal im Monat abgerechnet und dem Girokonto belastet. Bis auf einige wenige Häuser bieten die deutschen Banken und Sparkassen bisher überwiegend Charge Cards an, die an das Girokonto gekoppelt sind. Sie bedienen damit den „Bedarf an internationalen Zahlungsmitteln" und behalten „die Wertschöpfung im Zahlungsverkehr mit den Händlern weitgehend im eigenen Haus" [Grue07].

4.2.3 Prepaid Cards

Eine weitere Kreditkartenform sind Prepaid Cards. Vor der Benutzung wird zunächst ein Guthabenkonto aufgeladen. Bis zur Höhe dieses Guthabens kann der Karteninhaber anschließend Transaktionen durchführen.

Diese Kartenart ersetzt als sogenannte GiftCard zunehmend den klassischen Geschenkgutschein und ermöglicht Minderjährigen im Rahmen ihres Taschengelds oder Personen mit negativem Schufa-Eintrag, die anderweitig keine Kreditkarte erhalten würden, am bargeldlosen Zahlungsverkehr teilzunehmen. Auf Reisen ersetzen diese Karten „zunehmend die Traveller-Cheques" [Grue07]. Schäden durch Kreditkartenbetrug sind auf das vorhandene Guthaben begrenzt.

4.2.4 Produktdifferenzierungen

In der Kommunikation mit dem Kunden findet man keine Kreditkarten mit der Bezeichnung Charge Cards oder Revolving Credit Cards. Die Bank verknüpft die Kreditkarten mit Zusatzleistungen und erstellt dadurch vermarktungsfähige Produkte. Sie sind an unterschiedlichen Zielgruppen gerichtet [Scon07]. Die Deutsche Bank AG bietet beispielsweise folgende Produkte an: „Deutsche Bank MasterCard GOLD / VISA GOLD" sowie „Deutsche Bank MasterCard PLATIN" [DBan07, S. 1].

Das Co-Branding ist eine weitere Marketingmaßnahme, durch die neue Kunden angesprochen werden sollen. Hier wird mit dem Namen eines Partners geworben.

4.3 Kartenaufbau

Abbildung 13: *Darstellung einer Citi-Cards-Kreditkarte*
Quelle: [Citi07, S. 1]

Auf der Vorderseite der Karte sind die Namen der Herausgeberbank, des Karteninhabers und der Kartenmarke abgedruckt. Neben dem Gültigkeitsdatum befindet sich ein Hologramm auf der Karte, welches als Sicherheitsmerkmal dient.

Die Kartennummer identifiziert die Kreditkarte und besitzt einen festen Aufbau [Evan05, 9]. Die erste Ziffer bestimmt die Kategorie (engl. major industry identifier). Zusammen mit den folgenden fünf Ziffern wird die herausgebende Bank (engl. bank identifier number) identifiziert. Üblicherweise verwendet die Bank je Kartenprogramm eine separate BIN [Grue07].

Bankidentifizierer	Dachmarke	Kategorie
300xxx – 305xxx, 36xxxx, 38xxxx	Diners Club and Card Blanche	Travel and Entertainment
34xxxx, 37xxxx	American Express	Travel and Entertainment
4xxxxx	Visa	Banking and Financial
51xxxx – 55xxxx	MasterCard	Banking and Financial
6011xx	Discover	Merchandizing

Tabelle 10: *Bank Identifier Number*
Quelle: [Moll07, Folie 32]

Die folgenden bis einschließlich der vorletzten Ziffer repräsentieren die Accountnummer des Karteninhabers. Die am häufigsten verwendeten Kartennummern bestehen aus 16 Ziffern. Für die Accountnummer stehen somit neun Ziffern zur Verfügung. American Express und einige ältere Karten besitzen eine kürzere Kartennummer. In dieser Ausarbeitung und der darauf aufbauenden Implementierung wird von 16-stelligen Kartennummern ausgegangen.

Am Ende steht eine Prüfziffer (vgl. Kapitel 3.2.2). Sie dient der Erkennung von Eingabefehlern.

Beispiel:

Kartennummer 5425 5562 0565 4806.

5425 55 bedeutet, dass es sich um eine MasterCard-Kreditkarte handelt. Sie wurde von Barclaycard herausgegeben. Die Accountnummer lautet 62 0565 480. Am Ende steht die gültige Prüfziffer 6.

4.4 Beteiligte und ihre Geschäftsmodelle

4.4.1 Kartenorganisation

Bei den Kartenorganisationen (engl. schemes) handelt es sich um die Dachmarken. Sie stellen das Netzwerk zur Verfügung und arbeiten, oft gemeinsam, an Standards [Evan05, S. 160]. In Deutschland besitzen MasterCard und Visa die größten Marktanteile. American Express Company (Amexco) und Diners Club werden meist als Zweitkarte eingesetzt, da sie nicht flächendeckend akzeptiert werden. MasterCard und Visa sind member-getragene Unternehmen. Die Kartenausgabe erfolgt über Mitgliedsbanken (engl. member banks).

Kartenorganisationen (KO) finanzieren sich durch Lizenz- und transaktionsbezogene Gebühren. Sie sind daher an der Erschließung neuer Märkte und einem steigenden Umsatzvolumen interessiert [Grue07].

4.4.2 Herausgeberbank

Die Herausgeberbank (engl. issuer) gibt Kreditkarten an ihre Kunden aus. Die Herstellung der Karten übernimmt die Bank. Dabei werden Hard- und Software häufig von den Kartengesellschaften zur Verfügung gestellt. Der Vorgang lässt sich mit einer Blackbox vergleichen, da keine Einblicke in die Herstellungsprozesse und keine eigene Beeinflussung der Verfahren möglich sind [Scon07].

Die Herausgeberbank finanziert sich zum einen durch die Jahresgebühr des Karteninhabers sowie angefallene Verzugszinsen [Grab06, S. 47]. Diese Gebühren fallen je nach Anbieter und angebotenen Leistungen unterschiedlich aus. Bei Revolving Credit Cards kann auf eine Jahresgebühr eher verzichtet werden, weil der Karteninhaber meist überdurchschnittlich hohe Sollzinsen bezahlt. Bei Charge Cards werden eher Jahresgebühren erhoben, weil die Bank im Verfügungsmonat in der Regel dem Karteninhaber keine Sollzinsen berechnet. Diese Zinsen fallen ggf. erst im Nachgang bei Beanspruchung des Dispositionskredits an [Grue07].

Darüber hinaus erhält der Issuer einen Teil der transaktionsabhängigen Einnahmen (Disagio). „Dieser Anteil wird als Interchange-Gebühr (engl. interchange fee) bezeichnet, deren Höhe jährlich von einem Gremium, der Interbankenvereinigung, festgelegt wird". [Grab06, S. 47]. Die interchange fee liegt aktuell zwischen knapp 1% bis an die 3% je nach Branche, Transaktionsrisiko und Kartenprogramm.

4.4.3 Akquisitionsunternehmen

Akquisitionsunternehmen (engl. acquirer) vermitteln Akzeptanzverträge an Händler. Sie berechtigen den Händler zur Annahme von Kreditkarten [Grab06, S. 48]. Für ihre Tätigkeit benötigen sie eine Lizenz [Grab06, S. 38].

Das Vertragsunternehmen wird durch eine VU-Nummer gekennzeichnet. Händler, „die sowohl im Präsenzgeschäft als auch im Fernabsatz tätig sind, benötigen [..] zwei VU-Nummern" [Krue05, S. 30].

Das Akquisitionsunternehmen finanziert sich z. B. aus Einmalkosten für die Implementierung, monatlichen Bereitstellungskosten, Transaktionsgebühren sowie einem Aufschlag auf die interchange fee. Das Akquisitionsunternehmen berechnet für jede versuchte Transaktion zunächst eine Genehmigungsgebühr (engl. authorization fee) sowie gegebenenfalls Gebühren für weitere Dienstleistungen (vgl. Kapitel 4.8).

Pro erfolgreiche Transaktion entrichtet der Händler eine Transaktionsgebühr für das technische Routing von Autorisierungsanfrage und -antwort. Für den Ankauf der Forderung (bzw. gem. anderweitiger Rechtsauffassung das abstrakte Schuldversprechen) bezahlt der Händler das sog. Disagio (engl. discount fee), das bei Auszahlung vom Umsatz abgezogen wird. Dieses Disagio setzt sich aus der oben genannten Interchange-Gebühr und einem Aufschlag zur Absicherung des Missbrauchsrisikos zusammen [Grue07]. Für Händler, die im Präsenzgeschäft (engl. brick and mortar) tätig sind, liegt es in der Regel zwischen 0 % und 1,5 %. Onlinehändler zahlen wegen des höheren Missbrauchrisikos meist einen Aufschlag zwischen 1 % und 5 %, der in besonders risikoreichen Branchen wie z. B. Gambling und Adult Entertainment auch erheblich darüberliegen kann [Grue07].

4.4.4 Karteninhaber

Der Karteninhaber verwendet die Kreditkarte im Wesentlichen im Travel- und Entertainmentbereich sowie als E-Commerce-Zahlungsmittel. Je nach Produktdifferenzierung entstehen dem Karteninhaber Vorteile durch Versicherungen und Bonusprogramme. Der Kreditrahmen der Karte ermöglicht eine kurzfristige Kreditaufnahme. Dem Kunden entsteht ein Zinsvorteil, da für den aufgebauten Saldo während des Abrechnungsmonats meistens keine Sollzinsen anfallen [Grue07].

4.4.5 Vertragsunternehmen

Die Wahl der verfügbaren Zahlungsverfahren hängt besonders von dem angesprochenen Kundensegment und angebotenen Produkten ab. Bei internationaler Kundschaft oder der Bereitstellung digitaler Güter ist die Akzeptanz von Kreditkarten als obligatorisch anzusehen [Grue07]. Durch die Konkurrenzsituation wird der Händler indirekt zur Annahme von Kreditkarten gezwungen. Es bestand das Problem, dass Karteninhaber zu häufig mit Kreditkarte bezahlen [Evan05, S. 122,130]. Die Preise der Produkte stiegen dadurch für alle Kunden, weil den Kreditkartenkunden die zusätzlichen Transaktionskosten nicht auferlegt werden durften (surcharge-Regel). Diese Regelung wurde von MasterCard und Visa aufgehoben [Grue07].

4.5 Ablauf

Kreditkarten kommen unmittelbar am Point Of Sale (POS) und bei CNP-Transaktionen (engl. customer not present) zum Einsatz [Grab06, S. 48]. Der Hauptunterschied der Einsatzorte liegt in der Übermittlung der Kartendaten. Im ersten Fall ist der Kunde anwesend, und die Karte liegt vor. Die Kartendaten werden zunächst per Chip- oder Magnetstreifenleser erfasst. Zusammen mit den Zahlungsdaten werden sie anschließend im Terminal zu einer Transaktion verschlüsselt und in der Autorisierungsanfrage an die Herausgeberbank geschickt. Im zweiten Fall übermittelt der Karteninhaber die Kartendaten per Telefon, Fax, E-Mail oder gibt diese unmittelbar in ein Webformular ein. Zur Vermeidung von falschen Eingaben dient die Prüfziffer der Karte (vgl. Kapitel 3.2.2). Außerdem ist die Eingabe einer zusätzlichen Kartenprüfnummer notwendig. Sie besteht in der Regel aus drei Ziffern und dient zur Erhöhung der Sicherheit. Im Gegensatz zu Transaktionen im stationären Geschäft ist die Autorisierung bei Abwicklungen im CNP-Verfahren für jede Transaktion zwingend erforderlich [Krue05, S. 30].

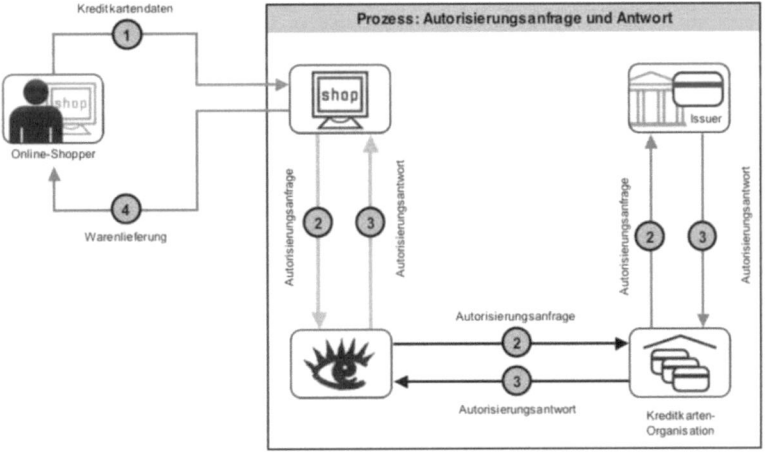

Abbildung 14: Autorisierungsanfrage und Antwort

Quelle: [Pago07c, S. 1]

Bei einer positiven Autorisierung wird der Zahlungsvorgang eingeleitet. Die Kartenorganisation belastet die Herausgeberbank und leitet den Betrag an das Akquisitionsunternehmen weiter. Hier wird eine Zahlung auf das Bankkonto des Verkäufers vorgenommen [Evan05, S. 10-11]. Der Issuer aktualisiert schließlich den Saldo des Karteninhabers.

4.6 Kreditkartenbetrug

4.6.1 Einleitung

„Seit dem Bestehen des Kreditkartenverfahrens werden von Dritten Sicherheitslücken bei der Abwicklung einer Kreditkartenzahlung gesucht, um diese in missbräuchlicher Weise auszunutzen und sich zu bereichern" [Grab06, S. 63]. Im Wesentlichen wird zwischen drei Betrugsformen (engl. credit card fraud) unterschieden [Grue07]:

1. Fälschungen: Geldautomaten oder Terminals werden mithilfe eines Lesegeräts manipuliert, um Kopien der Kreditkarte anzufertigen (engl. skimming). Außerdem kann der Magnetstreifen echter Kreditkarten verwendet werden, um neue Daten aufzuspielen [Grue07].

2. Verlorene und gestohlene Karten: Bis zur Verlustmeldung durch den Karteninhaber kann die Karte mit einer gefälschten Unterschrift missbräuchlich verwendet werden.

3. Einsatz im Mailorder und E-Commerce: Die Kenntnis von Kartennummer, Gültigkeitsdatum und Kartenprüfnummern ist ausreichend, um missbräuchliche Bestellungen auszulösen. Eine eindeutige Identifizierung des Karteninhabers findet dabei in den meisten Fällen nicht statt.

Hinter dem gewerbsmäßigen Ausspähen von Kartendaten und der Anfertigung von Fälschungen steckt eine organisierte Kriminalität mit Rollenverteilung und hohem technischem Know-how [Scon07].

Es ist ein Unterschied zwischen Transaktionen im Präsenzgeschäft und CNP-Transaktionen erkennbar. Im Jahr 2001 waren 1,14 % aller Interneteinkäufe mit Kreditkarte missbräuchlich. Demgegenüber stehen 0,09 % im stationären Geschäft [Grab06, S. 62]. Die Ursachen hierfür liegen vor allem in der durch die Anonymität bedingten geringeren „Hemmschwelle", den eingeschränkten „Legitimationsmöglichkeiten" und neuen „Möglichkeiten der Tatbegehung" [Grab06, S. 62]. Die folgende Betrachtung differenziert den Kreditkartenbetrug nach Rolle und Ziel des Angreifers.

4.6.2 Rolle des Angreifers

Karteninhaber

Bei dem sogenannten friendly fraud nutzt der Karteninhaber seine Kreditkarte für einen Einkauf im Internet und bestreitet später, dass ein Vertrag zwischen ihm und dem Händler zustande gekommen sei. Unter Ausnutzung der „weitreichenden Rechte des Karteninhabers" kann er den Kartenherausgeber um eine Rückbuchung (engl. chargeback) bitten [Grab06, S. 64]. Für den Händler wird es schwierig, den Vertrag nachzuweisen. Anhaltspunkte sind hier der Ablieferungsnachweis des Zustellers und die IP-Adresse des Bestellers [Krue05, S. 33-34]. In der Literatur findet man Abschätzungen, dass diese Form des Betrugs einen erheblichen Teil des Kreditkartenmissbrauchs ausmacht [Lein07, S. 1; Grab06, S. 64].

Vertragsunternehmen

Auch das Vertragsunternehmen kommt für die missbräuchliche Verwendung von Kartendaten infrage. Es kann im Präsenzgeschäft beispielsweise an Skimming-Attacken beteiligt sein. Im E-Commerce erhalten die Händler vollständige Kartendaten auf Vertrauensbasis übermittelt. Der Händler kann versuchen eine zusätzliche Rechnung mit einem unterschiedlichen Betrag über die Karte abzurechnen. Es ist außerdem denkbar, dass nicht der Verkäufer als Ganzes, sondern einzelne Mitarbeiter gezielt Kartendaten oder Geheimnummern ausspähen. Diese werden bei anderen Akzeptanzstellen eingesetzt oder veräußert.

Akquisitionsunternehmen und Herausgeberbank

Auch hier kann man annehmen, dass die gesamte Organisation nicht bewusst kriminell handeln wird. Bei den Unternehmen handelt es sich um Banken, die wie in 4.4 beschrieben von den Kartenorganisationen für ihre Tätigkeit legitimiert sind. Mitarbeiter können analog zu dem Vertragsunternehmen als potenzielle Gefahrenquelle gesehen werden [Krue05, S. 28].

Unbefugte Dritte

Die missbräuchliche Nutzung durch unbefugte Dritte wird im Folgenden als Hauptszenario gesehen. Es handelt sich um das „statistisch bedeutendste Risiko der Kreditkartenverwendung" [Grab06, S. 61]. Daher zielen die meisten Bestrebungen der Akquisitionsunternehmen (vgl. Kapitel 4.8) zur Risikominimierung auf diese Form ab.

4.6.3 Ziele des Angreifers

Karteninhaber

Eine Möglichkeit, an Kreditkartendaten zu gelangen, ist der unmittelbare Kontakt mit dem Karteninhaber. Dabei sind verschiedene Szenarien möglich. Bei kompromittierten Computersystemen können Tastatureingaben noch vor dem Versand abgegriffen werden. Das Ausspähen von Kreditkartendaten ist möglich. Moderne Betriebssysteme verfügen über integrierte Firewalls und melden, falls der Virenscanner nicht aktuell ist. Das verhindert allerdings nicht, dass Benutzer die Kreditkartendaten beabsichtigt in Webformulare eintragen. Zum einen können sie auf Phishing-Versuche hereinfallen. Dabei tätigt der Karteninhaber Eingaben während er glaubt, dass es sich um einen bereits bekannten und vertrauenswürdigen Händler handelt. Tatsächlich befindet er sich auf einer Webseite, die der echten lediglich nachempfunden ist. Zum anderen kann es sich um eine eigenständige Webseite mit angebotenen Produkten handeln, die zum Sammeln von Datensätzen dient und tatsächlich keine Produkte ausliefert. Weiterhin können Benutzer zur Eingabe ihrer Kreditkartendaten zum Altersnachweis aufgefordert werden.

Vertragsunternehmen

Es existieren rechtliche Vorgaben für das Vertragsunternehmen, die insbesondere für die Datenverarbeitung und den Datenschutz gelten. Weiterhin geben die Kartenorganisationen eigene Richtlinien vor (vgl. Kapitel 4.8.7). Dies stellt zunächst eine Hürde für den Angreifer dar. Gleichzeitig steigt der Nutzen im Erfolgsfall jedoch deutlich an, da in einem Schadensfall Kreditkartendaten von Tausenden Kunden zugänglich werden. Vergangene Vorfälle zeigen, dass Vertragsunternehmen kein theoretisches Ziel sind [CNNM07, S. 1; Ever07, S. 1; Weis07, S. 1]. Tatsächlich kam bei einem von MasterCard und Visa beauftragten Audit heraus, dass zwei Drittel der untersuchten Firmen Sicherheitsmängel aufweisen. So speicherten einige Firmen die Kartenprüfnummern, obwohl dies ausdrücklich untersagt und für die Prozessabwicklung nicht notwendig ist. Weiterhin wurde regelmäßig eine zu geringe Verschlüsselung gewählt und innerhalb der Firma besitzen zu viele Mitarbeiter Zugriff auf sensible Daten [heis07, S. 1].

Verbindung zwischen den Parteien

Die Übertragungskanäle zwischen Karteninhaber, Vertragsunternehmen und Zahlungsintermediären sind zwar nicht abhörsicher, aber der Einsatz von Verschlüsselungsverfahren und Zertifikaten stellt sicher, dass Informationen nur an die legitimierte Partei gelangen [Scon07]. Ein Angriff auf die Verbindungen zwischen den Parteien ist daher praktisch auszuschließen.

4.7 Haftung und Zahlungsgarantie

Kreditkartenzahlungen sind ein Produkt der Banken. Diese sind sehr an einem positiven Eindruck interessiert, der nur über die Sicherheit des Systems gelingt. Deswegen werden Schäden in den seltensten Fällen dem Karteninhaber angelastet und meist systemintern zwischen Issuer und Acquirer verursachergerecht abgehandelt. Aufgrund langjähriger Lobbyarbeit der Issuer in den KO-Gremien wurden mehr und mehr Verantwortungen auf den Acquirer überwälzt, der seinerseits den Händler vermehrt in die Pflicht genommen hat. Dies hat der BGH in seiner Entscheidung 2002 infrage gestellt und die Position des Händlers gestärkt [Grue07].

Der Karteinhaber ist vom Missbrauchsrisiko demnach nur geringfügig betroffen. Bis zum Eingang der Verlustmeldung seiner Karte haftet er mit maximal 50 Euro. Im Anschluss haftet er bei Einhaltung der Kartenbedingungen nicht für weitere Schäden. Der Karteninhaber erhält dadurch einen Anreiz, sorgfältig mit seiner Kreditkarte umzugehen [Grab06, S. 156-157]. Bei der missbräuchlichen Verwendung seiner Kartendaten im Internet ist die Haftungssumme auf 0 Euro beschränkt [Krue05, S. 37].

Das Vertragsunternehmen erhält bei dem Präsenzgeschäft grundsätzlich eine Zahlungsgarantie. „Der Händler kann sich also darauf verlassen, auf eine äußerlich ordnungsgemäße Karte die versprochene Leistung zu erhalten" [Grab06, S. 157]. Entstandene Schäden werden durch die Herausgeberbank oder den Karteninhaber im Rahmen der Selbstbeteiligung getragen. Das Vertragsunternehmen verpflichtet sich im Gegenzug durch die AGB des Akquisitionsunternehmens zur Einhaltung von Sorgfaltspflichten [Grab06, S. 157]. Eine mangelhafte Prüfung der Unterschriften auf Karte und Beleg führt beispielsweise zu dem Verlust der Zahlungsgarantie [Grab06, S. 98]. Bei CNP-Transaktionen kann der Händler diese Sorgfaltspflichten nicht erfüllen. Die eindeutige Identifizierung des Karteninhabers ist in den meisten Fällen nicht möglich. Nach der BGH-Entscheidung[3] vom 16.04.2002 trägt bei CNP-Transaktionen daher der Acquirer das Haftungsrisiko [Grabe06, S. 158-159]. Das Akquisitionsunternehmen besitzt dadurch zunächst ein geringeres Interesse an der weiteren Teilnahme am Kreditkartenverfahren. Händler

---

[3] BGH WM 1990, 1059 f.

sind jedoch auf Acquirer angewiesen, sodass zwischen beiden Parteien häufig Zusatzvereinbarungen getroffen werden, die die Schadenshaftung regeln [Grue07].

4.8 Maßnahmen zur Betrugsverhinderung

4.8.1 Einleitung

Verluste durch Kreditkartenbetrug schaden unmittelbar den Akquisitionsunternehmen sowie weiteren Beteiligten, da die Abwicklung von Chargebacks mit hohem Aufwand verbunden ist. Außerdem kann der Acquirer bei einer hohen Chargeback-Quote dem Händler das Recht zur Kreditkartenakzeptanz entziehen, weil das Akquisitionsunternehmen seinerseits von Strafen durch die Kartenorganisationen betroffen ist [Grue07]. Daher ist es im Interesse der Akquisitionsunternehmen und weiterer Beteiligten, diese Risiken zu minimieren.

Im Folgenden werden aktuell eingesetzte Verfahren vorgestellt. Es wird gezeigt, was damit erreicht werden kann und wo Probleme liegen. Dabei handelt es sich nicht um Substitute, sondern um Hilfsmittel, die ergänzend genutzt werden können. Das Akquisitionsunternehmen Pago setzt bei der Betrugserkennung beispielsweise die Adressverifizierung, die Kartenverifizierung und ein „Screening-System" parallel ein [Pago07a, S. 1].

4.8.2 Frühwarnsysteme

Die Akquisitionsunternehmen haben zum Schutz vor Kreditkartenbetrug Systeme zur Analyse der Transaktionsdaten entwickelt. Dies geschieht teilweise nicht im Interesse des Händlers. Umsätze, die bezahlt worden wären, können fälschlicherweise abgelehnt werden [Grue07]. Die Vertragsunternehmen können mithilfe von Indikatoren eine eigene Risikobewertung durchführen. Neukunden und ungewöhnlich hohe Beträge sollten einer weiteren Sicherheitsprüfung unterzogen werden. Ebenso sind Lieferungen ins Ausland und Expresssendungen zunächst verdächtig [Grab06, S. 110].

4.8.3 Adressverifizierung (AVS)

Bei der Adressverifizierung nimmt das Vertragsunternehmen eine Dienstleistung (engl. adress verification service) des Akquisitionsunternehmens oder eines Drittanbieters in Anspruch. Dabei werden die eingegebene Kundenadresse oder Teile davon mit einem bei dem Dienstleister hinterlegten Datensatz verglichen und ein Ergebniswert zurückgegeben [Grue07].

Der Service besitzt Einschränkungen. AVS ist aktuell nur bei US-amerikanischen und britischen Visa-Karten möglich [Pago07b, S. 1]. In Deutschland ist er wegen Datenschutzbestimmungen nicht erlaubt [Grue07]. Weiterhin ist die Nutzung von AVS nicht für jede Transaktion vorgeschrieben [Grab06, S. 112-113]. Das AVS-System basiert auf Meldedaten. Es ist möglich, dass sich eine Person mit Betrugsabsichten sich zu einer existierenden Adresse meldet, obwohl sie dort nicht wohnhaft ist [Grue07].

4.8.4 Kartenprüfnummer (CVV2/CVC2)

Zum weiteren Schutz vor Kreditkartenbetrug muss der Karteninhaber inzwischen bei allen Online-Einkäufen mit MasterCard- oder Visa-Kreditkarte eine Kartenprüfnummer in das Webformular des Händlers eingeben [Grue07]. Sie befindet sich auf der Rückseite der Kreditkarte. Bei Visa wird die Prüfnummer Card Verification Value 2 und bei MasterCard Card Verification Code 2 genannt. Sie ist nicht auf der Karte gespeichert [Grab06, S. 114]. Es wird davon ausgegangen, dass nur der berechtigte Karteninhaber diese Ziffern kennt, da ihm die Karte physisch vorliegt. Entsorgte Quittungen, zufällig generierte Kreditkartennummern oder attackierte Händlerdatenbanken können von Betrügern bei Einsatz des Verfahrens nicht weiterverwendet werden. Die Verifizierungsziffern sind ihnen nicht bekannt. Zwischen der Kartennummer und der Prüfziffer besteht kein „mathematisch begründbarer Zusammenhang" [Euro07b, S. 1]. Bei der Eingabe in das Formular des Vertragsunternehmens ist kein Brute-Force-Angriff möglich, da analog zu der Eingabe von PIN-Nummern eine beschränkte Zahl von Versuchen vorgegeben ist [Scon07].

Der Einsatz der Verifizierungsziffern setzt Vertrauen der Karteninhaber in das Vertragsunternehmen voraus. Wie in 4.6.2 vorgestellt, hat das Vertragsunternehmen prozessbedingt einen sehr leichten Zugang zu den eingegebenen Daten und könnte diese missbräuchlich nutzen. Weiterhin treten Sicherheitslücken in den Systemen der Vertragsunternehmen auf, wie ein Audit der Firma Security Research & Consulting GmbH ergab. „So würden etwa häufig die Prüfzahlen [..] entgegen jeglichen Bestimmungen aufbewahrt" [heis07, S. 1].

4.8.5 EMV-Chip

Neue Kreditkarten müssen in Europa mit einem EMV-Chip ausgegeben werden. Er wurde von Paylife, MasterCard und Visa entwickelt [Grue07]. EMV ist ein „technischer Standard für die Kommunikation zwischen Chipkarte und Terminal zur Abwicklung von Debit- oder Kreditkarten-Transaktionen" [Euro07a, S. 1]. Auf dem Chip ist das durch die deutsche Kreditwirtschaft definierte Betriebssystem Seccos (Secure Chip Card Operating Systems) installiert.

Dadurch ergibt sich eine Reihe von neuen Möglichkeiten, die insbesondere zu einer erhöhten Sicherheit führen. Der Chip ist im Gegensatz zu Magnetstreifen deutlich besser gegen Verfälschungen oder unrechtmäßige Kopien geschützt. Außerdem ist es möglich, noch offene „Verfügungslimits in der Chipkarte für Offline-Transaktionen zu speichern". Der Händler kann dadurch Transaktionskosten sparen und trotzdem ein Risikomanagement betreiben. Weiterhin stellt der EMV-Chip mit Seccos-Betriebssystem eine Plattform für

„Signatur-Anwendungen", elektronische Tickets und „Authentifikations-Anwendungen zur Authentifikation im Internet" dar [Euro07a, S. 1].

Das neue Verfahren bedingt Änderungen an Geldausgabeautomaten (GAA) und Händlerterminals. Die Kreditwirtschaft arbeitet mit hoher Priorität an der Umstellung der GAA, da eine europäische Haftungsumkehr (engl. liabilityshift) existiert und die „GAA-Acquirer bei Chipfähigkeit ihrer Automaten schadlos stellt" [Grue07].

4.8.6 3-D Secure

3-D Secure ist ein von Visa entwickeltes Verfahren. Es wird von Visa und MasterCard unter den Namen Verified by Visa und MasterCard SecureCode eingesetzt. Die Technologie dient zur Identifizierung des Karteninhabers. Die Zahl der Betrugsvorfälle soll dadurch gesenkt werden [Krue05, S. 146-147].

Der Karteninhaber muss sich zunächst bei der teilnehmenden Herausgeberbank freischalten lassen. Er vereinbart ein persönliches Passwort für die Benutzung der Kreditkarte.

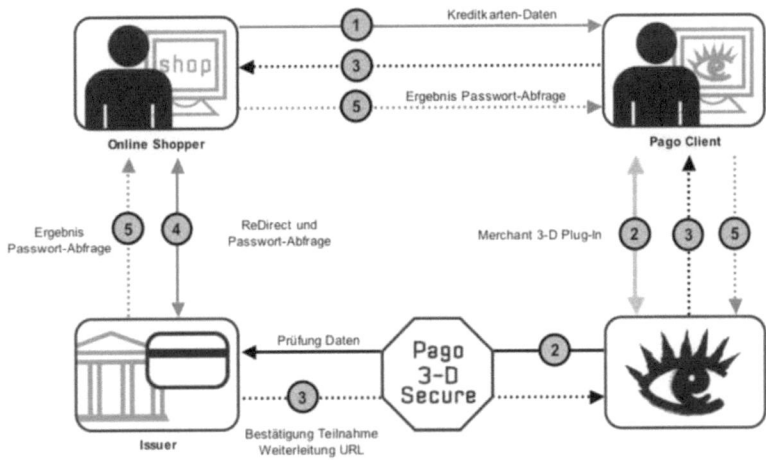

Abbildung 15: *Autorisierungsanfrage bei Einsatz von 3-D Secure*
Quelle: [Pago07d, S. 1]

Während eines Einkaufs werden die Kreditkartendaten des Inhabers zu der Herausgeberbank weitergeleitet. Im Anschluss wird er um Eingabe seines Passworts in das Formular der Herausgeberbank gebeten. Dort wird es geprüft und das Ergebnis über den Rechner des Karteninhabers an das Vertragsunternehmen weitergeleitet [Pago07d, S. 1]. Das Vertragsunternehmen und weitere Dritte bekommen das Passwort während des Vorgangs nicht mitgeteilt.

Die Systeme wurden im August 2006 von weltweit 49.500 (MasterCard SecureCode) beziehungsweise 54.000 (Verified by Visa) Vertragsunternehmen angeboten [SOUR06, S. 8]. Aktuell werden 15 % der Visa-Online-Transaktionen per Verified by Visa abgewickelt [Pago07e, S. 126].

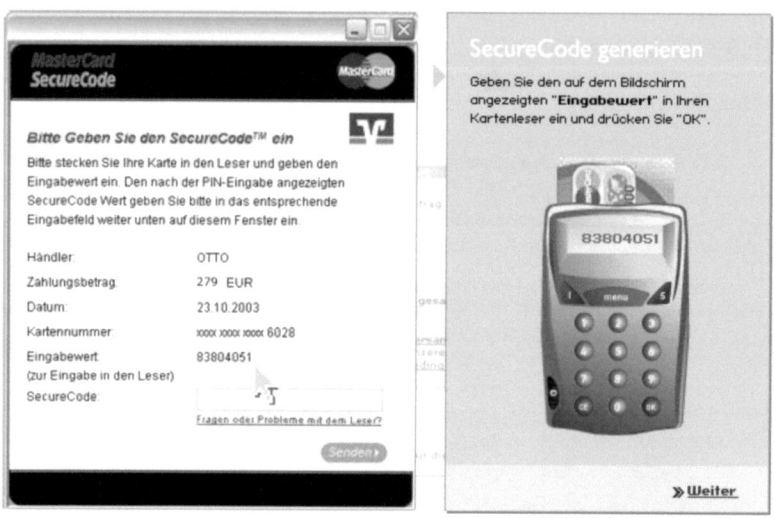

Abbildung 16:   *Demonstration zu MasterCard SecureCode*
Quelle: [OTTO07, S. 1]

MasterCard bietet seinen Kunden zusätzlich an, den SecureCode mit einem Kartenleser und EMV-Chip (vgl. Kapitel 4.8.5) zu generieren. Der technische Ablauf ist nach einer E-Mail-Auskunft von MasterCard in drei Schritte unterteilt:

1. Zunächst gibt der Kunde einen Eingabewert in den Kartenleser ein.

2. Im Anschluss legitimiert er sich durch Eingabe seiner Geheimnummer.

3. Die Karte erzeugt schließlich ein transaktionsabhängiges, einmal verwendbares Passwort. Auf dem Chip befinden sich ein geheimer Schlüssel, der EMV 3D DES Algorithmus und ein interner Transaktionszähler.

Als wesentlicher Vorteil gegenüber einem festen SecureCode oder Verified-by-Visa-Passwort lässt sich der Schutz gegen Phishing-Attacken ableiten. Die Kenntnis eines SecureCodes bringt für einen Angreifer keinen erheblichen Vorteil, da dieser transaktionsabhängig generiert wurde. Im Gegensatz zu Onlinebanking mit HBCI-Chipkarten muss der Kartenleser nicht mit dem Computer verbunden sein [Mast07, S. 1].

Als nachteilig sind zum einen die Neuanschaffungen zu sehen. Bei den Volksbanken und Raiffeisenbanken muss diese Karte zunächst explizit beantragt und ein spezielles Kartenlesegerät erworben werden. Das Gerät kann zunächst nur für MasterCard SecureCode eingesetzt werden [Volk07, S. 1]. Der Preis für das Lesegerät liegt nach einer Telefonauskunft vom 02.10.07 bei etwa 20 Euro. Die Kartengebühr ist mit normalen Kreditkarten vergleichbar. Zum anderen hängt die Attraktivität des Verfahrens mit der Akzeptanz durch die Händler zusammen. Das System wird in geringem Umfang produktiv eingesetzt (Stand 01.10.2007: 52 Händler in Deutschland) [Mast07, S. 1]. Die Volksbank Siegerland teilte auf eine Telefonanfrage mit, dass das Verfahren dort wegen zu geringen Interesses eingestellt wurde. Es fehlt weiterhin eine Absicherung für Einkäufe bei Händlern, denen der Karteninhaber weniger Vertrauen entgegenbringt.

4.8.7 Regelwerk der Kartenorganisationen (PCI DSS)

Kreditkartenbetrug findet vorwiegend in organisierter Form mit hohem Know-how statt (vgl. Kapitel 4.6). Knotenpunkte des Kreditkartenprozesses, die große Datenmengen speichern, stellen ein Ziel für Angriffe dar. Vertragsunternehmen und Akquisitionsunternehmen sind daher gefährdet. Visa, MasterCard, American Express, Discover und JCB entwickelten ein Regelwerk für die Datenaufbewahrung und die Abwicklung von Transaktionen. Es heißt Payment Card Industry Data Security Standard (PCI DSS) und besteht aus zwölf Sicherheitsanforderungen [PCI07, S. 1]:

1. Installation und Wartung einer Firewall

2. Änderung von Werkseinstellungen (z. B. Passwörter)

3. Schutz der gespeicherten Daten der Karteninhaber

4. Kundendaten müssen vor dem Versand über offene Netze verschlüsselt werden

5. Betrieb und laufende Aktualisierung eines Virenscanners

6. Entwicklung und Wartung sicherer Systeme und Anwendungen

7. Zugriffskontrolle sensibler Kundendaten durch Need-to-know-Prinzip

8. Eindeutige Identifizierung jeder Person mit Rechnerzugang

9. Beschränkung des physischen Zugriffs auf personenbezogene Daten

10. Monitoring der Zugriffe auf personenbezogene Daten

11. Regelmäßige Prüfungen der Sicherheitssysteme und –prozesse

12. Entwicklung und Einführung einer Sicherheitspolice für Mitarbeiter

Händler werden in Abhängigkeit ihrer Kreditkartentransaktionen und vergangenen Sicherheitsvorfälle in vier Ebenen (engl. merchant level) eingeteilt [GFI07, S. 5]. Je nach Ebene verpflichten sie sich zu regelmäßigen Sicherheitsaudits.

Akquisitionsunternehmen müssen mit Geldstrafen durch die Kartenorganisationen rechnen, wenn Händler nicht PCI-DDS-konform sind oder es zu Sicherheitsvorfällen kommt. Die Strafen können an den Händler weitergereicht werden [GFI07, S. 7].

5 Virtuelle Kreditkartennummern

5.1 Einführung

E-Commerce befindet sich weiterhin im Wachstum. Die Kreditkarte ist weltweit das am häufigsten eingesetzte Zahlungsmittel. Gleichzeitig tritt Kreditkartenbetrug in hohem Maße auf. Dies führt einerseits zu Kosten, die von allen Beteiligten zu tragen sind. Selbst Kunden, die andere Zahlungsmittel bevorzugen, bezahlen indirekt über die Preisgestaltung des Händlers. Andererseits schaden Nachrichten über Vorfälle dem Ruf des Verfahrens als Ganzes.

Instrumente zum effektiven Risikomanagement stellen daher eine Herausforderung dar. Die Unversity Purdue hat auf der Financial Cryptography 2007 ein Konzept zur Erzeugung von virtuellen Kreditkartennummern (engl. virtual credit cards) vorgestellt. Die Idee ist eine transaktions- oder händlerabhängige Erzeugung von Kartennummern. Dadurch soll eine deutliche Schadensreduktion von Kreditkartenbetrug erreicht werden.

Alternative Zahlungsmittel werden kaum angenommen und von etablierten Bezahlsystemen dominiert [Heng07, 16]. Ein vorhandenes System bedeutet dagegen, dass die Infrastruktur bereits existiert und der Kunde damit vertraut ist. Netzeffekte können ausgenutzt werden. Ein weiterer Vorteil besteht in der Akzeptanz des Verfahrens. Während 3-D Secure explizit von dem Händler bei dem Bezahlvorgang angeboten werden muss, geschieht die Abwicklung bei einer virtuellen Kreditkartennummer, ohne dass der Händler sein System anpassen muss. Die Zuordnung zu dem realen Account wird von der Herausgeberbank vorgenommen. Die Abrechnung wird analog zu klassischen Kreditkarten durchgeführt.

5.2 Anreize für den Einsatz sicherer Kreditkartensysteme

5.2.1 Karteninhaber

In Kapitel 4.7 wurde gezeigt, dass der Karteninhaber das geringste Haftungsrisiko der Beteiligten besitzt. Die Motivation zur Teilnahme an neuen Verfahren gestaltet sich somit schwierig. Dennoch ergeben sich für den Karteninhaber bei Verwendung von virtuellen Kreditkartennummern Vorteile. Er kann eine Ware oder Dienstleistung garantiert nur einmalig in Anspruch nehmen und ein ungewolltes Abonnement unterbinden. Ein weiterer Vorteil für den Karteninhaber liegt in einer Verringerung des Aufwands für Reklamation, weil virtuelle Kreditkartennummern schwerer betrügerisch eingesetzt werden können.

Unsichere Verbindungen schrecken den sicherheitsbewussten Karteninhaber ab, da die übertragenen Daten von Dritten mitgelesen werden können. Verbrauchbare Kreditkartennummern sind dagegen entweder bereits entwertet oder sehr stark eingeschränkt (Betrag, Händler, Gültigkeitszeitraum).

5.2.2 Herausgeberbank

Solange für die Herausgeberbank eine Risikofreistellung für die missbräuchliche Kartenverwendung beim E-Commerce existiert, sind Anreize für
die aktive Teilnahme an sichereren Verfahren jedoch kaum gegeben. Das Risiko
wird meist von dem Akquisitionsunternehmen getragen. Durch eine Haftungsumkehr wie bei dem Einsatz von EMV und 3-D Secure kann die Motivation zur
Teilnahme gesteigert werden [Grab06, S. 188]. Dieser Ansatz berücksichtigt jedoch nicht den Standort der Herausgeberbanken. Missbräuchliche Kreditkartentransaktionen werden vorwiegend in den USA und der Region Asia/Pacific
generiert. Diese Regionen haben sich der Haftungsumkehr jedoch nicht ange-
schlossen [Grue07].

5.2.3 Kartenorganisation

„Die Missbrauchsanfälligkeit eines Zahlungssystems führt [..] zu erheblichen Imageschäden". Daneben verursacht eine hohe Rückbuchungsquote Kosten, die das „Kreditkartensystem gegenüber den konkurrierenden Zahlungssys-
temen zunehmen unattraktiver" erscheinen lässt [Grab, S. 184]. Die Kartenorganisationen sind daher sehr an sicheren Verfahren zur weiteren Erhöhung der
Sicherheit interessiert.

5.3 Begriffliche Abgrenzung und ähnliche Varianten

Es existieren bereits produktiv eingesetzte ähnliche Ansätze. Citi Cards
bietet seinen Kunden „Virtual Account Numbers" an [Citi07, S. 1]. Der Karteninhaber benutzt ein auf seinem Rechner ausgeführtes Programm zur Generierung der virtuellen Kartennummer. Im Anschluss kann die Nummer für einen
Online-Einkauf verwendet werden. Das Programm setzt eine Onlineverbin-
dung voraus. Im Falle eines infizierten Systems könnte ein Angreifer in die
Kenntnis der Nummer gelangen und sie noch vor dem berechtigten Karteninhaber verwenden. Da die virtuelle Kartennummer nicht beschränkt ist, kann sie
bei allen Akzeptanzstellen bis zu dem Verfügungslimit verwendet werden.
Weiterhin könnte der Karteninhaber zu einer bewussten Preisgabe der virtuellen Kartennummer animiert werden, indem ihm eine Händlerseite vorgetäuscht
wird (engl. phishing). Der Nutzen für den Karteninhaber besteht in der Ver-
schleierung des realen Accounts und der Vermeidung von Schäden, falls Teile
der Händlerdatenbanken bekannt werden.

Abbildung 17: *Demonstration: Virtual Account Numbers*

Quelle: [Citi07, S. 1]

In der Literatur werden Kreditkarten als virtuell bezeichnet, sofern sie nicht real vorliegen [Webe02, S. 2]. Dazu passt das Angebot von wirecard. Es handelt sich zunächst um ein kontenbasiertes E-Payment-System, mit dem Geld eingezahlt und gesendet werden kann. Nach einer Identifizierung und Einzahlung erhält der Kunde eine „virtuelle MasterCard" mit „Kartennummer, Gültigkeitsdatum und Kartenprüfnummer" [Wire07, S. 1]. Dass die Karte real nicht vorliegt, schützt gegen einen Diebstahl der Karte. Im Hinblick auf das Thema dieser Untersuchung ist das System jedoch nicht relevant. Die Kartendaten werden nicht transaktions- oder händlerabhängig generiert. Bei Bekanntwerden können sie missbräuchlich genutzt werden.

5.4 Anforderungen

Es werden Anforderungen an das Schema der virtuellen Kreditkartennummern gestellt:

1. Die Generierung soll offline erfolgen [Moll07, S. 1].

2. Händler müssen ihre Systeme nicht anpassen (engl. infrastructure) [Moll07, S. 4].

3. Jeder Karteninhaber soll virtuelle Kartennummern generieren können (engl. complete) [Moll07, S. 4].

4. Die Herausgeberbank soll den Karteninhaber durch die Transaktionsdaten identifizieren können (engl. sound) [Moll07, S. 4].

5. Ein Angreifer soll durch Kenntnis der Transaktionsdaten und der virtuellen Kreditkartennummer die ursprüngliche Kreditkartennummer nicht errechnen dürfen (engl. account hiding) [Moll07, S. 4-5].

6. Die Kenntnis von ursprünglicher und virtuellen Kreditkartennummern sowie den Transaktionsdaten darf es einem Angreifer nicht ermöglichen, beliebig viele weitere virtuelle Kartennummern zu erzeugen (engl. forgery resistant) [Moll07, S. 5].

Nach eigenen Einschätzungen ist eine weitere Anforderung notwendig:

7. Virtuelle Kreditkartennummern sollen von allen Händlern akzeptiert werden, die reale Kreditkartennummern annehmen (engl. acceptance).

5.4.1 Generierung

Initial wählt der Karteninhaber ein Passwort und übermittelt es an die Herausgeberbank. Aus praktischen Gründen kann es sich um ein Passwort handeln, das bereits für andere Zwecke zwischen beiden Parteien ausgetauscht wurde. Die Bedeutung des Passworts für virtuelle Kreditkartennummern wird in 5.6 näher betrachtet.

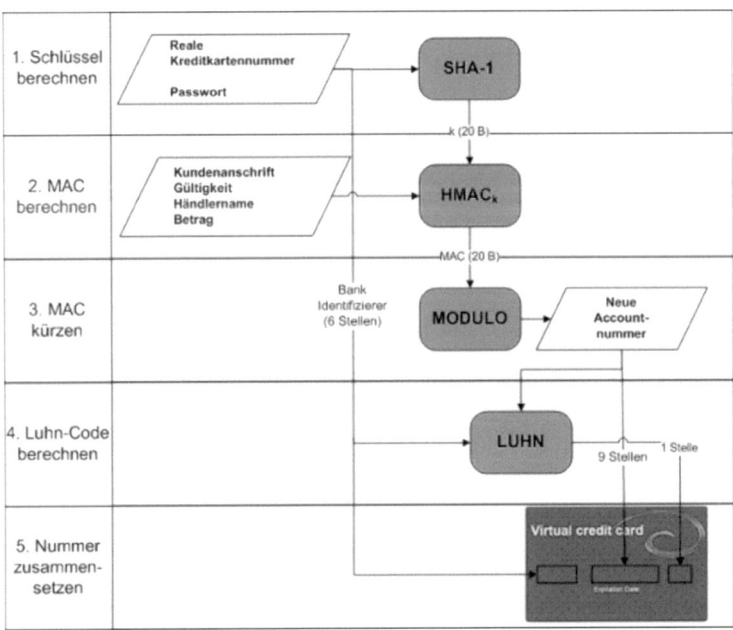

Abbildung 18: *Erzeugung einer virtuellen Kreditkartennummer*

Quelle: [Eigene Darstellung]

Die Erzeugung der virtuellen Kreditkartennummer läuft in fünf Schritten ab [Moll07, S. 6-7]:

1. Zunächst wird aus der realen Kreditkartennummer C und einem Passwort P ein Schlüssel k berechnet: $k = H (C \mid P)$. Für H wird die Hashfunktion SHA-1 verwendet. Das Ergebnis ist ein 160 Bit langer Hashwert. Er kann beispielsweise auf dem mobilen Endgerät gespeichert werden, wenn der Benutzer aus praktischen Gründen das Passwort nicht für jede Generierung erneut eingeben möchte. Der Verlust des Geräts verletzt in dem Szenario die vierte Anforderung (forgery resistant). Das Passwort und die reale Kartennummer sind aus dem Hashwert allerdings nicht auf triviale Weise abzuleiten (vgl. Kapitel 3.3).

2. Die Anschrift B des Karteninhabers, die Händlerinformationen M, das gewählte Gültigkeitsdatum E und der Betrag T werden zu einer Zeichenkette V zusammengefasst. Sie dient als Eingabe für die Berechnung eines keyed-Hash Message Authentification Code (HMAC). Der in 1 abgeleitete Schlüssel k wird als weitere Eingabe verwendet, sodass nur der Karteninhaber und die Herausgeberbank diese Funktion ausführen können. Der MAC wird mit der Hashfunktion SHA-1 berechnet: MAC = HMAC-SHA-1(k, V).

3. Der 160 Bit lange MAC dient als Basis für die virtuelle Accountnummer (9 Stellen) und den virtuellen CVV2-Wert (3 Stellen). Er wird in eine Dezimalzahl umgewandelt und mit einer Modulo-Operation auf zwölf Stellen gekürzt: $X = MAC \pmod{10^{12}}$. Gegebenenfalls müssen links Nullen eingefügt werden bis die Länge 12 erreicht ist. Die ersten neun Ziffern von X stellen die virtuelle Accountnummer A dar. Die letzten drei Ziffern bilden den CVV2-Wert für die virtuelle Kreditkartennummer.

4. Die Prüfziffer der virtuellen Kreditkartennummer muss wegen der Änderung in der Accountnummer neu berechnet werden. Dazu werden der bekannte Bankidentifizierer BIN und die virtuelle Accountnummer A verwendet.

5. Zuletzt kann unter Weiterverwendung des Bankidentifizierers BIN die virtuelle Kreditkartennummer V zusammengesetzt werden.

Die erste Anforderung (complete) wird erfüllt, weil für alle Eingaben ein MAC berechnet werden kann. Dieser MAC ist die Basis der virtuellen Kartennummer.

Das Resultat ist eine einmalig verwendbare virtuelle Kreditkartennummer. Sie kann innerhalb des gewählten Gültigkeitsdatums bei einem festen Händler für einen fixen Betrag eingesetzt werden. Für regelmäßige Käufe bei einem Händler müsste der Karteninhaber demnach vor jeder Bestellung eine noch nicht verwendete virtuelle Kartennummer erzeugen. Für dieses Szenario wird das vorgestellte Schema erweitert. Es wird die Verwendung einer Ziffer z innerhalb der Accountnummer diskutiert, in der Informationen zu Maximalbetrag und Wiederverwendbarkeit kodiert sind [Moll07, S. 7].

z	0	1	2	3	4	5	6	7
Limit	Einmalig verwendbar	10\$	50\$	100\$	500\$	1000\$	2000\$	>2000\$

Tabelle 11: *Beispiel für mögliche Limitierungen des Maximalbetrags*
Quelle: [Eigene Darstellung]

In einer Implementierung zur Generierung virtueller Kartennummern könnte der Benutzer zunächst auswählen, ob die virtuelle Kartennummer einmalig oder mehrfach verwendet werden kann. Je nach Auswahl passt sich die Eingabemaske an. Für eine Einmalbenutzung kann der Betrag eingegeben werden. Andernfalls lässt sich der Maximalbetrag über ein Menü auswählen.

Die Ziffer zur Kodierung des Limits darf nicht im Klartext in der virtuellen Accountnummer enthalten sein. Durch Ändern der Ziffer könnte der Maximalbetrag andernfalls trivial modifiziert werden. Diese Informationen müssen demnach verschlüsselt werden. Die Verwendung von Transpositionen, die von dem ermittelten MAC abgeleitet werden, können folgendermaßen skizziert werden [Moll07, S. 7]. Alternativ kann das Limit als weitere Eingabe für die

Generierung verwendet werden. Wegen der HMAC-Funktion, die einen Schlüssel verwendet, wird das Limit verschlüsselt.

Der Ansatz von Transpositionen kann weiter ausgeführt werden. Eine näher zu beschreibende Funktion F erzeugt eine Reihe von Transpositionen ∂. Als Eingabe für F dienen Teile oder der vollständige MAC. Nur der Karteninhaber und die Herausgeberbank können den MAC und somit die Transpositionstabelle erzeugen.

Für die Erzeugung einer mehrfach verwendbaren virtuellen Kreditkartennummer wird zunächst wie beschrieben eine neunstellige Accountnummer generiert. Sie dient als Basis für die darauf folgende Transposition. Der Betrag bleibt bei der Generierung leer, weil er durch Transpositionen kodiert wird.

	0	1	2	3	4	5	6	7	8	9
∂	1	5	7	6	2	8	3	0	9	4
∂^2	5	8	0	3	7	9	6	1	4	2
∂^3	8	9	1	6	0	4	3	5	2	7
∂^4	9	4	5	3	1	2	6	8	7	0
∂^5	4	2	8	6	5	7	3	9	0	1
∂^6	2	7	9	3	8	0	6	4	1	5
∂^7	7	0	4	6	9	1	3	2	5	8

Tabelle 12: *Beispiel für Transpositionen zur Codierung des Limits*

Quelle: [Gall96, S. 512]

Beispiel:

Eine nicht transponierte Basisnummer lautet 123412349. Das Limit bis 500 $ wird durch die vierte Transposition dargestellt. Daraus resultiert die transponierte virtuelle Accountnummer 453145310.

5.4.2 Verifizierung

Bevor die Kartennummer verifiziert wird, bestimmt der Herausgeber ihren Typ. Ist sie als reale Kartennummer in der Herausgeberdatenbank vorhanden und passt sie zu der angegebenen Kundenanschrift, wird sie wie bisher abgewickelt. Andernfalls wird sie als virtuelle Kreditkartennummer behandelt. Zur Verifizierung und Abrechnung ist die Kenntnis des ursprünglichen Accounts erforderlich. Aus der virtuellen Nummer kann er jedoch nicht abgeleitet werden (account hiding). Der Herausgeber verwendet die Kundenanschrift und vergleicht sie mit den Datensätzen in seinem System, um den Account zu ermitteln. Da die Herausgeberbank das Kundenpasswort kennt und die Transaktionsdaten vorliegen, kann er die in 5.4.1 beschriebene Generierung erneut durchführen und anschließend das Ergebnis vergleichen. Die übertragene virtuelle Kreditkartennummer ist verifiziert, wenn sie mit der berechneten übereinstimmt. Bei einer einmalig verwendbaren virtuellen Kreditkartennummer wird außerdem geprüft, ob sie bereits benutzt wurde.

Eine mehrfach verwendbare virtuelle Kreditkartennummer wird angenommen, wenn die übertragene virtuelle Kreditkartennummer nicht mit der berechneten übereinstimmt. In diesem Fall wird eine Basisnummer der virtuellen Kartennummer berechnet. Dies geschieht wie unter 5.4.1 beschrieben. Der Betrag bleibt leer. Durch Kenntnis der MAC kann die Transpositionstabelle erstellt werden. Die Basisnummer wird so lange transponiert, bis sie mit der übertragenen übereinstimmt. Aus der Transposition ∂z kann das Limit der virtuellen Kartennummer abgeleitet werden.

In beiden Varianten virtueller Kartennummern wird die Verifizierung zurückgewiesen, wenn die übermittelte Nummer nicht neu berechnet werden kann. Einmalig verwendbare Kreditkarten werden während der Verifizierung protokolliert und sind für diesen Account nicht erneut nutzbar.

5.5 Kollisionen

5.5.1 Einleitung

Die Accountnummer von Kreditkarten ist neun Stellen lang. Maximal können Herausgeberbanken demnach 10^9 reale Kreditkartennummern je Bankidentifizierer verteilen. Der Nummernraum ist beschränkt. Er wird von virtuellen und realen Kartennummern geteilt. In den folgenden Abschnitten werden Kollisionen unter den Aspekten Wahrscheinlichkeit des Auftretens und Auswirkung für die Beteiligten betrachtet. Zusätzlich werden Modifizierungen des Schemas zur Vermeidung vorgeschlagen.

5.5.2 Reale Accounts

Da die Generierung offline erfolgt, wird nicht geprüft, ob ein realer Account mit der gleichen Nummer existiert. Es können wegen des geteilten Nummernraums Kollisionen zwischen beiden Typen auftreten („Collisions Between Actual and Virtual Credit Card Numbers" [Moll07, S. 8]). P_K gibt an, mit welcher Wahrscheinlichkeit zu einer erzeugten virtuellen Kartennummer eine identische reale Kartennummer existiert. Sie entspricht der Ausnutzung des Nummernraums und beträgt:

$$P_K = N \,/\, 10^9$$

(N: Zahl der vergebenen Kreditkartennummern).

Sofern AVS-Informationen zur Verfügung gestellt werden, kann der ursprüngliche Account des Karteninhabers identifiziert werden [Moll07, S. 8]. Die

Abrechnung einer virtuellen Kartennummer erfolgt somit korrekt, obwohl reale Accounts mit der gleichen Nummer existieren können.

Wenn das Vertragsunternehmen keine AVS-Informationen übermittelt, wird die Kartennummer als real betrachtet. Eine Kollision zwischen virtueller und realer Kartennummer wird nicht erkannt, wenn CVV2-Code und Gültigkeitsdatum beider Kartentypen identisch sind. Die Wahrscheinlichkeit P'_K beträgt:

$$P'_K = P_K / (C \cdot E) \qquad \text{(C: Anzahl der CVV2-Codes;}$$

$$\text{E: Anzahl der möglichen Gültigkeitsdaten)}$$

Beispiel:

500.000 Kreditkarteninhaber (N) führen ein Konto bei einer Herausgeberbank. Es existieren 1000 dreistellige CVV2-Nummern. Die Zahl der möglichen Gültigkeitsdaten (MMJJJJ) betrage 60.

$$P_K = 5 \cdot 10^5 / 10^9 = 0{,}05\ \%.$$

$$P'_K = P_K / (10^3 \cdot 60) \approx 8{,}33 \cdot 10^{-9}.$$

Im Durchschnitt wird jede 120.000.000te virtuelle Kreditkartennummer ohne Verwendung von AVS-Informationen inkorrekt als reale Kartennummer abgerechnet.

Ein finanzieller Schaden für die Herausgeberbank ist bei üblichen Transaktionen bis 1000 $ nicht zu sehen. Der Betrag kann dem Kunden, dessen Konto fälschlicherweise belastet wurde, gutgeschrieben werden. Der Karteninhaber, der die Transaktion ursprünglich auslöste, ist Kunde der gleichen Bank. Sofern er eine Nichtbelastung seines Kontos reklamiert hat, kann ihm der Betrag nachträglich in Rechnung gestellt werden.

Der virtuelle CVV2-Code trägt unwesentlich zur Erhöhung der Sicherheit einmalig verwendbarer, virtueller Kreditkartennummern bei. Angreifer, die virtuelle Kreditkartennummern erzeugen (forgery) können, generieren auch einen validen CVV2-Code. Er dient insbesondere zur Vermeidung einer Fehlermeldung wegen eines freigelassenen Formularfeldes. Es ist möglich, einen festen CVV2-Wert (z. B. 000) für virtuelle Kreditkartennummern zu vergeben. Die Herausgeberbank kann die Kartennummer sofort als virtuell einstufen. So treten keine Abrechnungsprobleme zwischen realen und virtuellen Accounts auf. Dies verringert jedoch die Sicherheit von mehrfach verwendbaren Kreditkartennummern, da der feste CVV2-Wert keinen Schutz bietet. Außerdem können anfänglich reale Kartennummern mit dieser Kartenprüfnummer existieren. Bei der Ausgabe neuer realer Karten darf der reservierte Wert nicht mehr verwendet werden.

Händler setzen eigene Systeme zur Risikominimierung ein. Kreditkartennummern werden bei der ersten Verwendung regelmäßig auf einen Kunden registriert. Weitere Kunden können die Kartennummer im Anschluss nicht mehr verwenden. Da nicht alle Karteninhaber der Bank gleichzeitig Kunden des Händlers sind, ist die Wahrscheinlichkeit einer Kollision kleiner als P_K.

Beispiel:

10.000 Karteninhaber einer Bank sind Kunde eines Händlers.

Die Wahrscheinlichkeit einer Kollision beträgt $10^4 / 10^9 = 10^{-5}$. Im Durchschnitt tritt bei diesem Händler für jede 100.000te Transaktion eine Kollision mit einer bereits registrierten virtuellen oder realen Kartennummer auf. Im Einzelfall kann es daher zu einer inkorrekten Ablehnung kommen. Zur deutlichen Verringerung von Kollisionen ist eine Verwendung von Sequenznummern denkbar [Moll07, S. 8]. Wiederholte Generierungen mit gleichen Eingaben führen zu unterschiedlichen virtuellen Kreditkartennummern.

Neben der Relation Kartennummer → Kunde kann der Händler die Relation Kunde → Kartennummer(n) auswerten. Wird bei jeder Transaktion mit einer unterschiedlichen Kartennummer bezahlt, kann sich der Händler die Frage nach dessen Herkunft stellen. Vorsichtige Händler gehen nicht von einem „legalen Kreditkartennummerngenerator" aus, sondern befürchten einen Betrugsversuch.

5.5.3 Mehrfach verwendbaren virtuellen Kreditkartennummern

5.5.4 Adressen

Bisher ist bei der Ermittlung des Kundenaccounts davon ausgegangen worden, dass zu den Kundendaten (Name, Adresse) genau ein Datensatz in der Datenbank der Herausgeberdatenbank existiert. Die Identifizierung ist nicht immer eindeutig, weil Personennamen, Straßennamen, Hausnummern und Städtenamen doppelt existieren („Non-Unique Name-Address Pairs") [Moll07, S. 8]. Deutsche Postleitzahlen identifizieren eindeutig die Stadt und die Straße. Eine nicht eindeutige Identifizierung mithilfe der vollständigen Kundendaten ist daher praktisch auszuschließen.

Sofern nur die Postleitzahl und Hausnummer der Adresse übertragen werden, kann eine Datenbankabfrage zu mehreren Ergebnissen führen.

Beispiel (Abschätzung):

Zu einer Postleitzahl 57076 existieren 200 Straßen und 5 Bewohner je Haus. Für das Tupel (PLZ = 57076; Hausnummer = 5) kommen maximal 1.000 Bewohner als potenzielle Karteninhaber infrage.

Eine zunächst nicht eindeutige Identifizierung des Karteninhabers kann der Herausgeber dennoch abwickeln. Er führt die Verifizierung für jeden Datensatz durch. Wenn sie für genau einen Datensatz gültig ist, ist der reale Account ermittelt und die virtuelle Kartennummer gültig. Bei mehr als einem gültigen Datensatz trat eine Kollision auf. Die Herausgeberbank kann keine eindeutige Abrechnung durchführen und die Kartennummer nicht akzeptieren.

Die Wahrscheinlichkeit, dass zu einer gegebenen virtuellen Kreditkartennummer ein Account existiert, der zur gleichen virtuellen Kartennummer führt, beträgt:

P_{KA} = (T-1) / 10^9 (T: Anzahl der Datensätze zu einer Adresse).

Bei der zusätzlichen Überprüfung des CVV2-Codes beträgt die Wahrscheinlichkeit (T-1) / 10^{12}. Zur Kollisionsbehandlung sind wie in 5.5.2 Sequenznummern möglich. Weiterhin kann der CVV2-Code der realen Kreditkarte verwendet werden [Moll07, S. 8]. Dies vereinfacht die Identifizierung, da es ein weiteres, sehr kundenspezifisches Merkmal ist. Eine genaue Identifizierung („uniquely identify") ist jedoch nicht gewährleistet, da gleiche Kartenprüfnummern möglich sind. Der Vorschlag steht außerdem im Gegensatz zu dem Ansatz, das Ausmaß von Kreditkartendiebstahl zu verringern. Der CVV2-Code ist nach eigenen Einschätzungen vertraulicher als die Kartennummer. Er befindet sich auf der Karte und nicht auf Belegen oder in Händlerdatenbanken. Er sollte mindestens so gut wie die Kreditkartennummer geschützt werden.

5.5.5 Eingabewerten

Während der Generierung virtueller Kreditkartennummern werden die Transaktionsparameter (Gültigkeit, Händler, Summe, Kundendaten) unter Verwendung eines zuvor errechneten Schlüssels auf eine virtuelle Accountnummer abgebildet. Unter 3.3 wurde gefordert, dass zu einer gegebenen Nachricht keine zweite Nachricht mit gleichem Hashwert zu finden sein soll. Für die Erzeugung virtueller Accountnummern wird der MAC deutlich gekürzt. Der ursprüngliche MAC hat 2^{160} verschiedene Ausgaben, während die Accountnummer 10^9 verschiedene Werte annehmen kann. Die Kollisionsresistenz von Hashfunktionen ist hier nicht gegeben. Nach durchschnittlich $5 \cdot 10^8$ Eingaben wird eine Nachricht gefunden, die zur gleichen virtuellen Accountnummer führt. Bei durchschnittlich $5 \cdot 10^{11}$ Eingaben stimmt zusätzlich auch der CVV2-Code überein. Die Eingabeparameter können dazu kombinatorisch verknüpft werden.

Beispiel (Abschätzung):

Es existieren 200.000 verschiedene Beträge (ab 10$ in Schritten von je 1 Cent). 50.000 Onlineshops akzeptieren Kreditkarten und 60 Gültigkeitsdaten (MMJJJJ) sind möglich. Kombiniert führen diese Parameter zu $6 \cdot 10^{11}$ Eingaben. Die Kundenanschrift bleibt während des Vorgangs unverändert.

Der Karteninhaber kann diese Kollisionen in absehbarer Rechenzeit suchen. Ein Angreifer kann aus einer abgefangenen virtuellen Kreditkartennummer jedoch nicht ableiten, für welche Onlineshops und Parameter sie zusätzlich zu verwenden ist. Ihm fehlt der Schlüssel zur MAC-Berechnung.

5.6 Sicherheit

5.6.1 Einleitung

Anforderungen wie Geschwindigkeit, Verbreitung, Anonymität und Transaktionskosten brauchen für virtuelle Kreditkartennummern nicht weiter

betrachtet werden. Sie werden von dem vorhandenen Kreditkartensystem a-
daptiert. Die zentrale Aufgabe besteht in dem Schutz sensibler Kreditkartendaten und der Verringerung von Schäden durch Kreditkartenbetrug.

Das Verfahren besitzt für einen Karteninhaber keinen Mehrwert, sobald
einer der folgenden Fälle eintritt:

1. Das Verfahren und die verwendeten Funktionen (z. B. SHA-1) weisen
   theoretische Lücken auf (vgl. Kapitel 5.6.2).

2. Es gelingt einem Angreifer, die erzeugten virtuellen Kartennummern ab-
   zufangen (vgl. Kapitel 5.6.3).

3. Es gelingt einem Angreifer, das Passwort des Karteninhabers zu ermitteln (vgl. Kapitel 5.6.4).

Die Übertragung von AVS-Informationen ist ein obligatorischer Bestandteil jeder Transaktion, die auf virtuellen Kreditkartennummern basiert. Unrechtmäßige Bestellungen können bei Kenntnis von gültigen virtuellen Kreditkartennummern demnach ausschließlich im Namen des realen Karteninhabers
getätigt werden. Gezielte Belästigungen (engl. stalking) von Personen werden
dadurch nicht verhindert. Bei physischen Gütern ist das Abfangen des Paketdiensts an der realen Adresse möglich. Digitale Güter können unmittelbar nach
Bezahlung in Anspruch genommen werden. Der Angreifer verwendet auch in
diesem Fall die reale Kundenadresse. Darüber hinaus können seine Angriffe auf
den Diebstahl von Buchgeld gerichtet sein. Ist die virtuelle Kreditkartennummer beispielsweise für einen Onlinezahldienst erzeugt worden, erstellt der Angreifer dort zunächst einen eigenen Account. Im Anschluss zahlt er mithilfe der
ausgespähten Kartennummer dort ein. Schließlich hebt er das Geld von dem
neuen Account ab. Die Verwendung von AVS-Informationen schützt nicht vor
missbräuchlicher Verwendung virtueller Kreditkartennummern.

5.6.2 Kollisionsangriffe auf SHA-1

Der Hashwert besitzt eine Länge von 160 Bit. Brute-force-Angriffe benötigen durchschnittlich einen Aufwand von 2^{80}, um eine Kollision zu finden. Für
kollisionsresistente Hashfunktionen darf es keine Methoden geben, eine Kollision mit weniger Aufwand herbeizuführen. Tatsächlich entdeckten Wang et al.,
dass Kollisionen bereits mit einem Aufwand von 2^{69} gefunden werden können
[Daub06, S. 50]. Auswirkungen für das Schema virtueller Kreditkartennummern sehen Molloy et al. nicht [Moll07, S. 11].

5.6.3 Ausspähen der virtuellen Kartendaten

Die Kenntnis virtueller Kreditkartennummern ist für Angreifer aus drei
Gründen vorteilhaft:

1. Einmalig verwendbare virtuelle Kreditkartennummern können verwendet werden, bevor der rechtmäßige Karteninhaber sie benutzt.

2. Wiederverwendbare virtuelle Kreditkartennummern können analog zu realen Kartennummern missbraucht werden.

3. Benutzte und unbenutzte virtuelle Kreditkartennummern können von einem Angreifer zur Analyse verwendet werden (z. B. Ermittlung eines möglichen Passworts).

Dem Angreifer stehen verschiedene Möglichkeiten zur Verfügung, um an sensible Kartendaten zu gelangen.

Benutzersystem

Das System zur Erzeugung virtueller Kreditkartennummern befindet sich im idealen Fall auf einer unabhängigen Plattform (z. B. Kartenleser, PDA), die über keine Internetverbindung verfügt. Das Auslesen von Daten ist damit praktisch auszuschließen.

Phishing

Analog zu realen Kreditkartennummern (vgl. Kapitel 4.6.3) kann der Benutzer durch eine Phishing-Seite zur Preisgabe der virtuellen Kreditkartennummer animiert werden. Der Angreifer muss dafür kein komplexes Shopsystem nachbilden. Er könnte den Karteninhaber beispielsweise im Namen von PayPal um eine notwendige Ersteinzahlung bitten. Auf diese Weise gelangt der Angreifer an reale und virtuelle Kartennummern. Reale Nummern können im Anschluss universell missbräuchlich verwendet werden. Virtuelle Nummern können für den Händler, den die Phishing-Seite vorgibt, eingesetzt werden. Der Typ einer Kartennummer ist ihr nicht anzusehen. Der Angreifer könnte zunächst von einer realen Karte ausgehen und sie nach einer fehlgeschlagenen Autorisierung als virtuell einstufen. Je mehr Inhaber virtuelle Kartennummern verwenden, desto mehr ist der Angreifer neben den universellen auch an virtuellen Kreditkartennummern interessiert. Die Sicherheit des Schemas kann bezüglich Phishing erweitert werden:

- Falls dem Karteninhaber die Seite nachträglich verdächtig vorkommt oder er die versprochene Leistung (z. B. Gutschrift auf sein PayPal-Konto) nicht erhält, soll er die virtuelle Kartennummer sperren können. Die Nummer ist für diesen Account im Anschluss nicht mehr verwendbar. Der ursprüngliche Account bleibt gültig. Es kann weiterhin mit der realen Kreditkartennummer bezahlt und eine neue virtuelle Nummer erzeugt werden.

- Bei einer fehlgeschlagenen Autorisierung der virtuellen Kreditkartennummer könnte die Herausgeberbank sie endgültig für diesen Kunden sperren. Der Angreifer kann die Kartennummer demnach nur bei dem in der Phishing-Seite angegebenen Händler nutzen oder riskiert ihre Sperrung.

Händlerdatenbanken

Händlerdatenbanken sind ein weiteres Ziel von Angreifern (vgl. Kapitel 4.6.3). Insbesondere mehrfach verwendbare virtuelle Kreditkartennummern können auf ähnliche Weise wie reale Kartennummern missbraucht werden. Die Kundendaten und Kartendaten sind dafür notwendig. Der Name des Händlers ist bekannt, da der Angriff gegen ihn gerichtet war. Der Maximalbetrag kann durch vorhandene Kundenrechnungen oder durch Ausprobieren ermittelt werden. Denkbar ist eine restriktive Handhabung seitens der Herausgeberbank, um dies zu unterbinden.

5.6.4 Angriffe auf das verwendete Passwort

Durch Kenntnis des Passworts und der realen Kartennummer kann der Angreifer beliebig viele gültige virtuelle Kreditkartennummern erzeugen (forgery). Falls das Passwort parallel für weitere Autorisierungen (z. B. Onlinebanking) genutzt wird, sind diese Systeme ebenfalls nicht mehr ausreichend geschützt. Beispielsweise könnte über das Onlinebankingportal die Kundenanschrift geändert werden, um das AVS-System zu umgehen.

Das Passwort ist bei Verwendung externer Geräte gegen ein Mitlesen praktisch geschützt. Sofern dem Angreifer hinreichend viele Informationen vorliegen, kann er einen Hashwert-Angriff durchführen.

Besitzt der Angreifer die reale Kartennummer, Kundendaten, Händlerdaten, Gültigkeitsdatum, Betrag und MAC, führt er die in 5.4.1 dargestellten Schritte 1 und 2 aus. Dabei verwendet er zunächst in einem Wörterbuch befindliche Passwörter (engl. dictionary attack) und danach eine vollständige Passwortsuche (engl. brute force). Ein erfolgreicher Wörterbuchangriff dauert einige Sekunden. Eine beispielhafte Abschätzung für den Brute-force-Angriff in Abhängigkeit von der Wahl des Passworts ist in der folgenden Tabelle dargestellt. Das ermittelte Passwort entspricht mit sehr hoher Wahrscheinlichkeit dem realen Kundenpasswort.

Verwendete Zeichen	Passwortlänge	Zeitbedarf
[A-Z], [a-z], [0-9]	5 Zeichen	ca. 3 Minuten
[A-Z], [a-z], [0-9], [Symbols]	5 Zeichen	ca. 24 Minuten
[A-Z], [a-z], [0-9]	6 Zeichen	ca. 3 Stunden 10 Minuten
[A-Z], [a-z], [0-9] ,[Symbols]	6 Zeichen	ca. 1 Tag 14 Stunden
[A-Z], [a-z], [0-9]	7 Zeichen	ca. 8 Tage 5 Stunden
[A-Z], [a-z], [0-9], [Symbols]	7 Zeichen	ca. 150 Tage
[A-Z], [a-z], [0-9]	8 Zeichen	ca. 500 Tage
[A-Z], [a-z], [0-9], [Symbols]	8 Zeichen	ca. 39 Jahre

Tabelle 13: Zeitbedarf für Brute-force-Angriffe
Quelle: [Daub06, S. 26]

Der Angreifer verfügt in den meisten Fällen nicht über den MAC, sondern über virtuelle Kreditkartennummern inklusive der Transaktionsdaten (Kundenanschrift, Händler, Betrag, Gültigkeit). Er erweitert den Angriff daher um den dritten Schritt. Die Erzeugung der virtuellen Accountnummer geschieht durch Kürzen der errechneten MAC. Dadurch existieren mehrere Eingaben, die zur gleichen virtuellen Accountnummer führen. Der Angreifer geht zunächst von Passwortkandidaten aus. Während eines Angriffs werden durchschnittlich 10^9 ($\approx 2^{30}$) Eingaben benötigt, um einen Passwortkandidaten für die gegebene virtuelle Accountnummer zu ermitteln. Die durchschnittliche Zahl der gefundenen Passwortkandidaten (#PK) nach einer vollständigen Suche hängt von dem Verhältnis des Passwortraums zu der Zahl der virtuellen Accountnummern ab. Sie beträgt:

$$\#PK = \text{Größe Passwortraum} / 10^9. \tag{1}$$

Für jeden Passwortkandidaten wird geprüft, ob er zusätzlich zu einer weiteren virtuellen Accountnummer passt. Die Wahrscheinlichkeit beträgt $1 / 10^9$. Auf diese Weise können Passwortkandidaten sehr zuverlässig verworfen werden. Bei einem sehr großen Passwortraum und demzufolge vielen Passwortkandidaten kann die Aussortierung durch eine dritte virtuelle Accountnummer erfolgen. Im Falle eines realen Angriffs ist die Länge des Passwortraums selten bekannt, sodass keine vollständige Suche zur Ermittlung aller Kandidaten durchgeführt werden kann. Stattdessen wird jeder gefundene Passwortkandidat mithilfe weiterer virtuellen Kreditkartennummern unmittelbar überprüft.

Beispiel:

Passwortraum: [A-Z], [a-z], [0-9], 6 Zeichen   ($62^6 \approx 2^{36}$)

Die Analyse dauert ca. 3 Stunden und 10 Minuten. Nach (1) existieren 62^6 / $10^9 \approx 57$ Passwortkandidaten. Einer der Kandidaten kann mit einer zweiten virtuellen Accountnummer bestätigt werden. Die weiteren 56 Passwortkandidaten können verworfen werden ($56 / 10^9 \approx 0$).

5.7 Bewertung

Das vorgestellte Verfahren wurde auf Kollisionen und generell auf Angriffe untersucht. Die theoretische Sicherheit des Verfahrens weist keine offensichtlichen Lücken auf. Die praktische Sicherheit hängt von der Passwortwahl des Karteninhabers ab. Indem die Anwendung außerhalb des Computers platziert wird, können ausgespähte Passwörter praktisch ausgeschlossen werden. Da mobile Endgeräte gestohlen werden können, sollte der Hashwert aus Schritt 1 der Generierung nicht im Gerät abgelegt werden. Andernfalls können gültige virtuelle Kreditkartennummern generiert werden (forgery).

Mehrfach verwendbare virtuelle Kreditkartennummern können infrage gestellt werden. Die Beschränkung auf Händler mit einem breiten Sortiment (z. B. Amazon) stellt keine echte Schranke dar. Bestellungen zur Belästigung (engl. stalking) oder das Abfangen des Paketdiensts sind möglich.

Die Beurteilung der Chancen für einen realen Einsatz des Verfahrens hängt nach eigenen Einschätzungen von drei Faktoren ab:

1. Bereitstellung der AVS-Informationen: Virtuelle Kreditkartennummern können nur verifiziert werden, wenn die Herausgeberbank den realen Account ermitteln kann. Dazu werden die Adressdaten des Karteninhabers benötigt. Es kann Händler geben, die diese Informationen nicht weiterleiten [Moll07, S. 8]. Die Adressdaten des Kunden sind kein obligatorischer Bestandteil einer Autorisierungsanfrage, sondern ein zusätzlicher Service, den Akquisitionsunternehmen anbieten. Dabei existieren räumliche Restriktionen: „Der AVS-Service ist in Deutschland aus datenschutzrechtlichen Gründen nicht möglich" [Grue07]. Die Complete-, Sound- und Acceptance-Anforderungen werden demnach nicht vollständig erfüllt.

2. Herausgeberbanken werden das System erst einsetzen, wenn mit einer entsprechenden Kundennachfrage zu rechnen ist. Obwohl Sicherheit für die meisten Bankkunden von großer Bedeutung ist, sind sie gleichzeitig an möglichst einfachen Verfahren interessiert [Scon07]. Die Volksbank Siegerland, die MasterCard SecureCode wegen zu geringer Nachfrage eingestellt hat, ist ein Beispiel hierfür.

3. In 5.5 wurden Kollisionen vorgestellt. Kollisionen mit realen Accounts führen sehr selten zu Abrechnungsfehlern. Die Reaktion der Händler auf virtuelle Kreditkartennummern ist näher zu untersuchen. Dafür können online erzeugte virtuelle Kreditkartennummern verwendet werden (vgl. Kapitel 5.3). Weitere Einschränkungen, die einen realen Einsatz gefährden, sind hier nicht zu sehen.

5.8 Erweiterung des Schemas

Während der Analyse des Schemas virtueller Kreditkartennummern werden Erweiterungen angesprochen. Der Maximalbetrag einer wiederverwendbaren virtuellen Kreditkartennummer kann über einen zusätzlichen Eingabeparameter kodiert werden. Zur deutlichen Verringerung von Kollisionen mit realen Accounts können außerdem Sequenznummern verwendet werden.

In dem derzeitigen Schema besteht ein Konflikt zwischen Anforderungen und Umsetzung. Virtuelle Kreditkartennummern sollen offline erzeugt werden können. Weiterhin darf der reale Account aus der virtuellen Kreditkartennummer nicht abzuleiten sein. Da der AVS-Service kein obligatorischer Bestandteil jeder Kreditkartentransaktion ist, besteht an dieser Stelle ein Problem für die Herausgeberbank: Sie muss den Account mithilfe der zur Verfügung gestellten Transaktionsdaten identifizieren. Das ist jedoch nicht möglich.

Alternativ kann die Herausgeberbank Listen mit virtuellen Kreditkartennummern vorab erzeugen und sie dem Karteninhaber analog zu Transaktionsnummern zukommen lassen. Die Verknüpfung zwischen dem realen Account und der virtuellen Kartennummer wird dabei gewährleistet. Die spätere Identifizierung ist möglich. Kollisionen zwischen realen und virtuellen Kreditkartennummern können vermieden werden. Aufgrund des begrenzten Nummernraums müssen virtuelle Kreditkartennummern aufbereitet (engl. recycled) werden. Verwendete oder abgelaufene Nummern können mit einem neuen CVV2-Wert und neuem Gültigkeitsdatum für einen anderen Karteninhaber zur Verfügung gestellt werden.

Das Verfahren verliert jedoch an Dynamik. Auf diese Weise erzeugte virtuelle Kreditkartennummern sind deutlich vielfältiger einzusetzen und zu missbrauchen. Insbesondere findet keine Beschränkung auf einen Händler statt.

Virtuelle Kreditkartennummern können außerdem wie in Kapitel 5.3 dargestellt online erzeugt werden. Die eindeutige Identifizierung durch die Herausgeberbank ist möglich. Das System der citibank kann zur Einschränkung von Händler und Betrag um Parameter erweitert werden. Die Generierung auf der Internetseite des Herausgebers wird von dem Karteninhaber als komfortabler als eine zu installierende Applikation empfunden. Demgegenüber stehen jedoch Risiken durch trojanische Pferde oder Phishing-Seiten.

Um das hier vorgestellte Schema virtueller Kreditkartennummern nicht vollständig verwerfen zu müssen, ist eine Erweiterung möglich. Der erste Teil der Accountnummer kann zur Identifizierung des ursprünglichen Accounts verwendet werden. Die übrigen Ziffern dienen zur Darstellung der virtuellen Kreditkartennummer. Um Kollisionen mit realen Kreditkartennummern auszuschließen, beginnen virtuelle Kreditkartennummern mit einem exklusiven Bankidentifizierer. Demnach stehen neun Ziffern für die Codierung von Account und virtueller Kreditkarte zur Verfügung. Falls mehr Kunden virtuelle Kreditkartennummern nutzen möchten, als durch die Reservierung der ersten Stellen möglich ist, könnten Kundennummern durch Modulo-Operationen gekürzt werden. Die Kollisionsbehandlung kann wie in 5.5.3 durchgeführt werden.

Beispiel:

Herausgeberbank B, BIN für reale Karten: 500000; BIN2 für virtuelle Karten: 500001

Karteninhaber C; reale Kartennummer: 5000 0012 3456 7896; Kundennummer: 12345

Der Karteninhaber erzeugt während eines Einkaufs zunächst wie in 5.4.1 einen MAC. Dieser wird auf 4 statt 9 Stellen gekürzt, weil 5 Stellen die Kundennummer kodieren. Der gekürzte MAC laute 7582. Im Anschluss wird die virtuelle Kreditkartennummer aus BIN2, Kundennummer, generierter Nummer und neuer Prüfziffer zusammengesetzt:

C2: 5000 0112 3457 5823

Die Kundennummer (12345) und die generierte Nummer (7582) können zum Schutz mit einem öffentlichen Schlüssel der Herausgeberbank verschlüsselt werden.

5.9 Implementierung in .NET

Zur Demonstration wurde dieser Ansatz in der Programmiersprache C# implementiert. Im Rahmen dieser Implementierung steht der Nutzer vor der Entscheidung, die Rolle eines Inhabers anzunehmen. Die Demonstration veranschaulicht, welche Schritte während eines Interneteinkaufs mit Kreditkarte stattfinden.

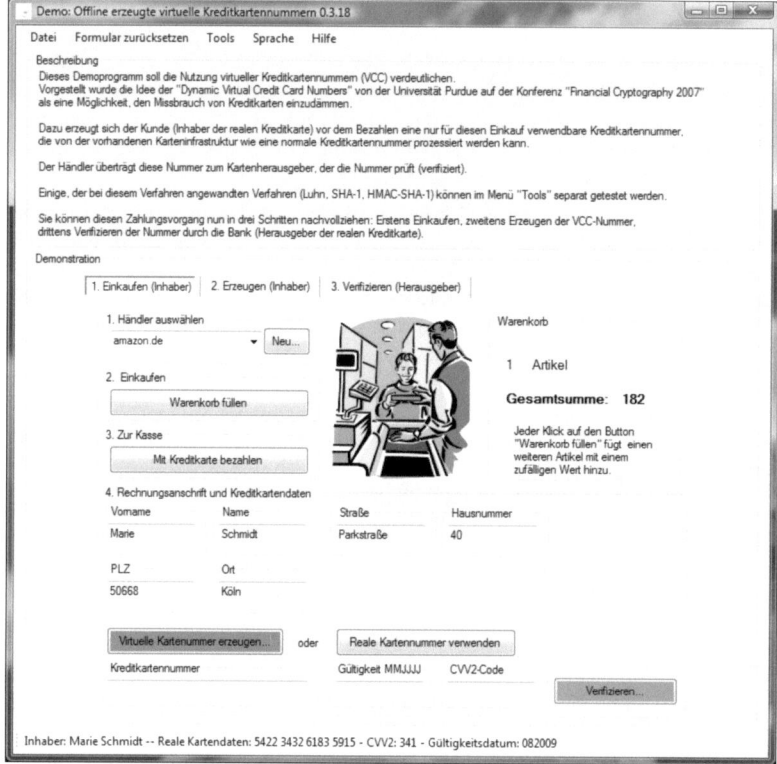

Abbildung 19: *Einkauf in einem Onlineshop*

Quelle: [Eigene Darstellung]

Zunächst wählt der Karteninhaber einen Händler aus und füllt den virtuellen Warenkorb. Im Anschluss möchte er die Summe mit Kreditkarte bezahlen. In der Demonstration kann gewählt werden, ob der Einkauf über die virtuelle (neues Verfahren) oder reale Kartennummer (bisheriges Verfahren) abgewickelt wird. Nachdem der Karteninhaber die Daten eingegeben hat, findet die Verifi-

zierung statt. In der Realität klickt der Kunde auf „Bestellung abschließen"
(o. Ä.), während die Verifizierung im Hintergrund abläuft.

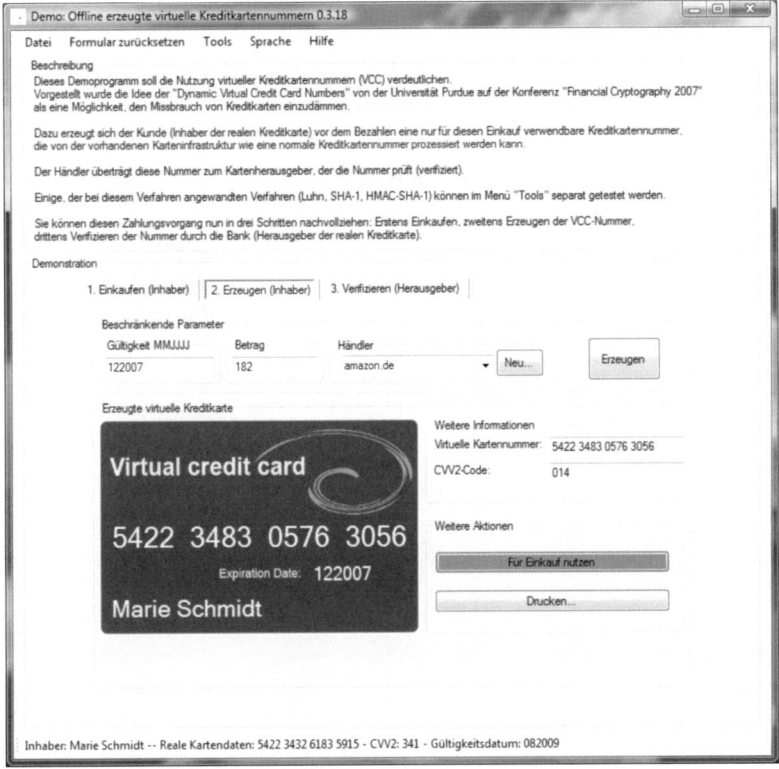

Abbildung 20: *Erzeugung einer virtuellen Kreditkartennummer*

Quelle: [Eigene Darstellung]

Bei der Erzeugung einer virtuellen Kreditkartennummer wird dem Nutzer
verdeutlicht, mit welchen Parametern er die Erzeugung beeinflussen kann. Das
Ergebnis wird anschaulich dargestellt und kann für die Einkaufssimulation
weiterverwendet werden.

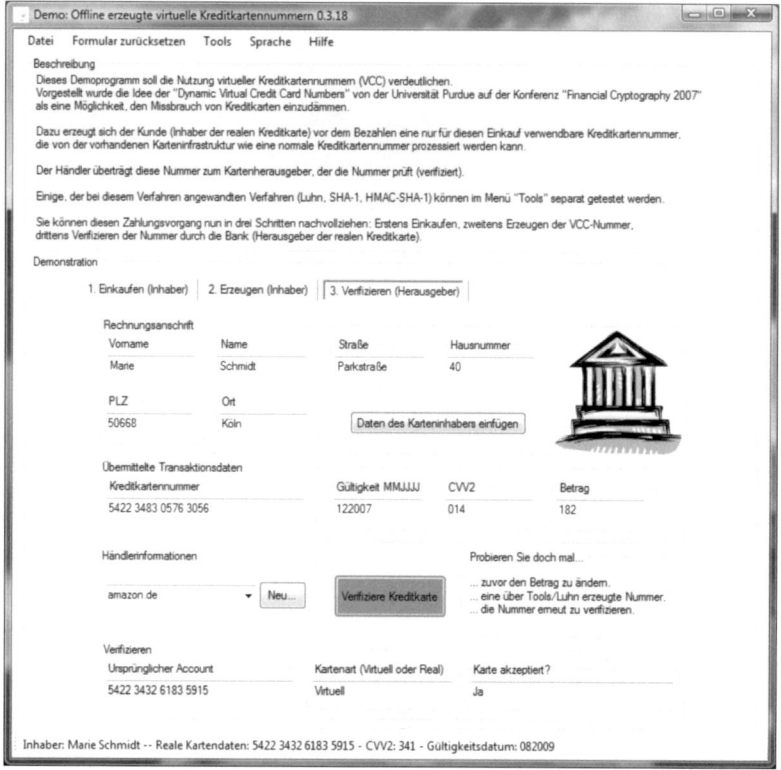

Abbildung 21: *Verifizierung einer virtuellen Kreditkartennummer*

Quelle: [Eigene Darstellung]

Die Verifizierung der virtuellen oder realen Kartennummer geschieht durch die herausgebende Bank. Das Ergebnis wird in dem Feld „Karte akzeptiert?" angezeigt. In der Realität leitet die Bank diese Information an den Händler weiter. Wenn der Händler den Kartentyp (virtuell oder real) nicht erfahren darf, müssen einige Antwort-Codes in eine neutrale Form überführt werden. Beispiel: „Virtuelle Nummer bereits verwendet" → „Ablehnung wegen sonstiger Gründe".

Eine Implementierung zu Demonstrationszwecken unterscheidet sich von einem System für den Realbetrieb. Die Simulation soll anschaulich sein. Im Klartext abgelegte Passwörter in XML-Dateien wirken sich darauf nicht aus. Für den realen Einsatz müssen umfangreiche Sicherheitsmaßnahmen getroffen werden. Um das Aufzeichnen der Tastatureingaben durch einen Trojaner zu vermeiden, wird der Einsatz in einer sichereren Umgebung empfohlen. Dazu eignen sich zum einen JAVA-fähige Mobiltelefone. Zum anderen könnte das Verfahren mit Chipkarte betrieben werden. Ähnlich wie bei SecureCode mit

EMV-Chip (vgl. Kapitel 4.8.6) erfolgt die Eingabe der Parameter über die Eingabe eines Kartenlesers. Die erzeugte virtuelle Kartennummer wird im Display angezeigt.

6 Schlusswort

Die Analyse des Themas hat ergeben, dass die Sicherheit virtueller Kredit-kartennummern theoretisch deutlich höher ist als die bei realen Kreditkarten-nummern. Kollisionen sind sehr selten und können behandelt werden (vgl. Kapitel 5.5). Eine praktische Umsetzung des Verfahrens ist in der von der Universität Purdue vorgestellten Form nicht flächendeckend möglich (vgl. Kapitel 5.8). Die Ermittlung des Abrechnungskontos muss durch einen zusätzlichen Identifizierer erfolgen (vgl. Kapitel 5.8). Die Attraktivität des Verfahrens für die Herausgeberbank und den Karteninhaber kann aktuell infrage gestellt werden (vgl. Kapitel 5.2). Bisher sind diese beiden Parteien von Kreditkartenbetrug im E-Commerce-Bereich nicht in dem Maße betroffen wie Händler und Akquisitionsunternehmen. Sie besitzen daher momentan ein tendenziell geringeres Interesse an innovativen Verfahren. Das bisherige Kreditkartenverfahren ist insbesondere durch die einfache Handhabung gekennzeichnet. Für den Karteninhaber entsteht bei virtuellen Kreditkarten zusätzlicher Aufwand (vgl. Kapitel 5.5.1). Nach einer eigenen Einschätzung ist die genaue Funktionsweise des Verfahrens für viele Karteninhaber nicht nachvollziehbar. Mit Passwörtern und TAN-Listen sind Karteninhaber dagegen bereits vertraut. Die weitere Forcierung von 3-D Secure und virtuellen Kreditkartennummern auf TAN-Basis (vgl. Kapitel 5.8) kann daher neben den in Kapitel 4.8 vorgestellten Maßnahmen zur Verbesserung der Sicherheit des aktuellen Kreditkartsystems dienen. Für Händler, denen der Kunde keine realen Kartennummern preisgeben möchte, können Intermediäre wie beispielsweise PayPal verwendet werden.

Das vorgestellte Verfahren würde die Sicherheit des Kreditkartenverfahrens deutlich erhöhen. Praktische Probleme wegen der Nutzung von AVS können durch Erweiterungen des Schemas behoben werden. Langfristig sind weitere Änderungen des Kreditkartensystems zu erwarten. Findet beispielsweise eine Anpassung der Schadenszuordnung zuungunsten des Karteninhabers oder der Herausgeberbank statt, werden für diese Parteien neue Anreize für den Einsatz sicherer Systeme geschaffen. Wenn das Sicherheitsbewusstsein der Kunden gesteigert werden kann, resultiert dies auch in einer erhöhten Nachfrage nach sicheren Zahlungsverfahren. Eine zunehmende Ausstattung der Karteninhaber mit vielseitig verwendbaren Mobiltelefonen sowie Kartenlesegeräten kann die technischen Voraussetzungen für den Einsatz virtueller Kreditkartennummern verbessern. Durch eine einfache Einrichtung (z. B. per Kurzmitteilung an das Endgerät des Kunden) wird seine Akzeptanz gegenüber neuen Verfahren erhöht.

Literaturverzeichnis

[ACN07]

ACNielsen: Online Shopping Off the Charts.
http://us.acnielsen.com/pubs/documents/2005_ci_q4_online.pdf, Abruf
am 2007-11-21.

[Albe99]

Albers, Sönke et al.: eCommerce. Einstieg, Strategie und Umsetzung im Unternehmen. 3. Aufl., F.A.Z.-Institut für Management-, Markt- und Medien-
informationen GmbH, Frankfurt am Main 1999.

[Albe01]

Albers, Sönke et al.: Marketing mit interaktiven Medien. Strategien zum
Markterfolg. 3. Aufl., FAZ-Institut für Management-, Markt- und Medien-
informationen, Frankfurt am Main 2001.

[Beut07]

Beutelspacher, Albrecht: Fehlererkennende Codes. http://www.uni-
giessen.de/wgms/WGMS2/Folien/Kap_5.pdf, Abruf am 2007-11-21.

[Bori07]

Borisov, Nikita et al.: Security of the WEP algorithm.
http://www.isaac.cs.berkeley.edu/isaac/wep-faq.html, Abruf am 2007-
11-21.

[BSI05]

Bundesamt für Sicherheit in der Informationstechnik (Hrsg.): Sichere Zahlungsverfahren für E-Government.
http://www.bsi.bund.de/fachthem/egov/download/4_Zahlv.pdf, Abruf
am 2007-11-21.

[Citi07]

Citi Cards: Citi Identity Theft Solutions.
https://www.citicards.com/cards/wv/detail.do?screenID=700#InternetS
ecuritySpecialists, Abruf am 2007-11-21.

[CNNM07]

CNNMoney: Hotels.com credit-card numbers stolen.
http://money.cnn.com/2006/06/02/news/companies/hotels.com_theft/
index.htm, 2006-06-02, Abruf am 2007-11-21.

[Daub06]

Jens Sören Daub: Untersuchung: Analyse der Sicherheit von Hashverfahren
aufgrund der Fortschritte bei Kollisionsangriffen und Betrachtungen der
wirtschaftlichen Auswirkungen insbesondere im Bankbereich. Universität
Siegen, 2006.

[DBan07]

> *Deutsche Bank AG:* Deutsche Bank Kreditkarten. http://www.deutsche-bank.de/pbc/content/kreditkarten-einstieg.html, Abruf am 2007-11-21.

[Dixo07]

> *Dixon, Emily:* Take a break.
> http://pass.maths.org.uk/issue12/features/codes/index.html, Abruf am 2007-11-21.

[Essl07]

> *Esslinger, Bernhard (Hrsg.):* Kryptographie, Mathematik und mehr. Hintergrundmaterial und Zusatzinformationen zum freien E-Learning-Programm CrypTool. 8. Aufl., Frankfurt am Main 2007.

[Euro07a]

> *EURO Kartensysteme GmbH:* EMV-Chip.
> https://www.kartensicherheit.de/ww/de/pub/praevention/sicherheits produkte/emv_chip.php, Abruf am 2007-11-21.

[Euro07b]

> *EURO Kartensysteme GmbH:* Online-Zahlung in drei Schritten.
> http://www.geldkarte.de/_www/de/pub/geldkarte/privatnutzer/geld karte_im_einsatz/bezahlen/internet/online_zahlung.php, Abruf am 2007-11-21.

[Evan05]

> *Evans, David Sparks; Schmalensee, Richard:* Paying with plastic. The digital revolution in buying and borrowing. 2. Aufl., MIT Press, Cambridge, Massachusetts 2005.

[Ever07]

> *Evers, Joris:* Amazon unit loses credit card data to hackers.
> http://www.infoworld.com/articles/hn/xml/01/03/06/010306hnbiblio. html?0306alert, 2001-03-06, Abruf am 2007-11-21.

[Gall96]

> *Gallian, Joseph A.:* Error Detection Methods. In: ACM Computing Surveys 28 (1996) 3, S. 504-517.
> http://portal.acm.org/citation.cfm?doid=243439.243457, Abruf am 2007-11-21.

[Geor07]

> *Georgi, Andreas:* Kann Online Banking alles? In: die bank (2007) 10, S. 70-72.

[GFI07]

> *GFI Software:* PCI DSS made easy. http://www.gfi.com/whitepapers/pci-dss-made-easy.pdf, Abruf am 2007-11-22.

[Giro07]

    Giropay GmbH: Voraussetzungen für die Nutzung von giropay. http://www.giropay.de/index.php?id=155, Abruf am 2007-11-21.

[Grab06]

    Grabe, Olaf: Die Risikozuordnung im US-amerikanischen Kreditkartenverfahren. Mit besonderer Berücksichtigung des Kreditkartenmissbrauchs im E-Commerce. V und R unipress, Göttingen 2006.

[Grue07]

    Grün, Oliver: E-Mail-Korrespondenz zum Thema Kreditkarten.

[HDE07]

    Hauptverband des Deutschen Einzelhandels: E-Commerce-Umsätze. http://www.einzelhandel.de/servlet/PB/menu/1021961/index.html, Abruf am 2007-11-21.

[heis07]

    heise online: 23C3: Fahrlässiger Umgang mit Kreditkartendaten beanstandet. http://www.heise.de/newsticker/meldung/print/83049, 2006-12-30, Abruf am 2007-11-21.

[Heng07]

    Heng, Stefan: Etabliertes dominiert. Beschränktes Potenzial innovativer Bezahlsysteme. http://www.dbresearch.de, 2007-08-27, Abruf am 2007-11-21.

[Krue05]

    Krügel, Tina: E-Commerce - das Risiko eines Versendungskaufs. Die Leistungsfähigkeit der Anweisung für die Risikoverteilung bei Kreditkartenmissbrauch. V und R unipress, Göttingen 2005.

[Lamm04]

    Lammer, Thomas: Mobile Payment Systems. Grundlagen - Praxisbeispiele - Erfolgsstrategien. Studien Verlag, Innsbruck 2004.

[Lang04]

    Langenbucher, Katja et al.: Zahlungsverkehr. Handbuch zum Recht der Überweisung, Lastschrift, Kreditkarte und der elektronischen Zahlungsformen. Beck, München 2004.

[Lein07]

    Leinert, Jens: Kreditkarte. http://www.leinert.com/kreditkarte/index.html, Abruf am 2007-11-21.

[Mast07]

> *MasterCard:* SecureCode. Sicherer Online-Kauf mit Eingabe des „Secure-Codes".
> http://www.MasterCard.com/de/education/internet/securecode.html,
> Abruf am 2007-11-21.

[Moll07]

> *Molloy, Ian et al.:* Dynamic Virtual Credit Card Numbers. Direkte Bereit-stellung durch Ian Molloy. University Purdue, 2007.

[OTTO07]

> *Otto (GmbH & Co KG):* 3D SecureCode Authentifizierungsverfahren (De-monstration). http://www.otto.de/3d-secure-site/popup_3dsecure_flash.html, Abruf am 2007-11-21.

[Pago07a]

> *Pago eTransaction Services GmbH:* Pago Fraud Screening.
> http://www.pago.de/Pago-Fraud-Screening.pfscreening.0.html, Abruf
> am 2007-11-21.

[Pago07b]

> *Pago eTransaction Services GmbH:* Pago AVS. http://www.pago.de/Pago-AVS.avs.0.html, Abruf am 2007-11-21.

[Pago07c]

> *Pago eTransaction Services GmbH:* Kredit- und Debitkarte - auch Ihre Onli-ne-Zahlart Nr. 1. http://www.pago.de/Pago-Online-Acceptance.poa.0.html, Abruf am 2007-11-21.

[Pago07d]

> *Pago eTransaction Services GmbH:* Pago 3-D Secure.
> http://www.pago.de/Pago-3-D-Secure.p3dsecure.0.html, Abruf am 2007-11-21.

[Pago07e]

> *Pago eTransaction Services GmbH:* Pago-Report 2007: Trends im Kauf- und Zahlverhalten in den relevanten E-Commerce-Branchen.

[PayP07]

> *PayPal:* So funktioniert PayPal. https://www.paypal.com/de/cgi-bin/webscr?cmd=xpt/cps/general/HowToPayPal-outside, Abruf am 2007-11-21.

[PCI07]

> *PCI Security Standards Council:* Payment Card Industry (PCI) Data Security Standard V1.1. https://www.pcisecuritystandards.org/pdfs/pci_dss_v1-1.pdf, Abruf am 2007-11-22.

[PeDa00]

  Peterson, Larry L.; Davie, Bruce S.: Computernetze. ein modernes Lehrbuch. dpunkt-Verlag, Heidelberg 2000.

[REIN07]

  REINER Kartengeräte GmbH und Co. KG: GeldKarte: Payment mit Sicherheitsgarantie. http://www.sicherheitsoffensive2007.de/sicherheit/sicherheit/geldkarte. html, Abruf am 2007-11-21.

[Schu91]

  Schulz, Ralph-Hardo: Codierungstheorie. Eine Einführung. Vieweg, Braunschweig 1991.

[Scon07]

  Scondo, Wolfgang: Interview zum Thema Kreditkarten, Sicherheit und elektronische Bezahlverfahren. Eschborn, 2007.

[SOUR06]

  SOURCE Informationsdienst (Hrsg.): Wachstum fuer MasterCard Secure Code und Verified by Visa. (2006) 10, S. 8.

[Stat07]

  Statistisches Bundesamt: Informationstechnologie in Unternehmen und Haushalten 2005. http://www.destatis.de/jetspeed/portal/cms/Sites/destatis/Internet/D E/Content/ Publikationen/Fachveroeffentlichungen/Informationsgesellschaft/ pressebroschuere__ikt2005,property=file.pdf, Abruf am 2007-11-21.

[Verh69]

  Verhoeff, Jacobus: Error Detecting Decimal Codes. Mathematisch Centrum (Tracts 29), Amsterdam 1969.

[Volk07]

  Volksbanken und Raiffeisenbanken: Fragen zu: Kartenleser. http://www.add-on-karte.de/faq_kartenleser.html, Abruf am 2007-11-21.

[Webe02]

  Weber, Caroline Beatrix: Zahlungsverfahren im Internet. Zahlung mittels Kreditkarte, Lastschrift und Geldkarte. Schmidt, Köln 2002.

[Weis07]

  Weiss, Todd: Laptop with credit card info for 80,000 DOJ workers stolen. http://www.computerworld.com/governmenttopics/governmet/legaliss ues/story/0,10801,102146,00.html, 2005-05-31, Abruf am 2007-11-21.

[Wire07]

Wirecard Bank AG: Fragen und Antworten (FAQs). https://www.wirecard.com/wirecard/ShowHelpPage.html#q1, Abruf am 2007-11-21.